아빠, 비폭력이 뭐예요?

La Non-violence expliquée à mes filles

내 아이에게 들려주는
비폭력 이야기

자크 세믈렝 지음 | **이주영** 옮김 | **민들레** 그림

갈마바람
Galmabaram

외국 인지명은 국립국어원의 외래어표기법을 기준으로 삼았으나, 마틴 루서 킹의 경우 국립국어원 외래어 표기법에 따르지 않고 마틴 루터 킹으로 하였다.

아빠, 비폭력이 뭐죠? 정말 희한한 말이네요.

설명 좀 해주실래요?

나는 폭력과 비폭력 행동에 대해 연구한 지 거의 20년이 되어간다. 열세 살, 그리고 여덟 살 된 두 딸에게 어떻게 하면 비폭력에 대해 쉽게 설명해줄 수 있을까? 딸들과 함께 마틴 루터 킹Martin Luther King, Jr과 미국 흑인들의 투쟁을 다룬 그림책을 보고 있었다. 나는 딸들이 보이는 반응에 귀를 기울였고 딸들이 해오는 질문을 받아 적었다. 반응과 질문의 대부분은 두 딸의 일상과 관련된 것이었다. "누가 시비를 걸면 어떻게 해야 돼요?", "학교에서 돈을 뺏기면 어떻게 해야 하죠?", "성폭행을 당하면요?", "청소년 폭력은요?", "인종차별은요?" 두 딸이 쏟아내는 질문에 답하기 위해 그동안 해오던 소중한 연구를 잠시 접고, 책을 쓰기 시작했다. 딸들에게

읽어보라고 했고, 원고를 고치고 또 고칠 때도 많았다. 비폭력은 가만히 있는 것이 아니라, 갈등을 해결하고 부당함에 맞서 싸우며 평화로운 분위기를 만들기 위해 적극적으로 나서는 일이라는 메시지를 딸들에게 전하고 싶었다. 그래서 일상생활과 역사에서 찾은 여러 가지 예를 들어 비폭력을 설명하려 했다.

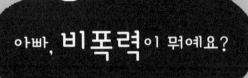

아빠, 비폭력이 뭐예요?

>>>>>>>   >>>>>>>

 비폭력이 먼지 모르겠어요. 설명 좀 해주실래요?

비폭력이 폭력보다 설명하기 힘들긴 하구나. 폭력이라
고 하면 바로 떠오르는 것들이 있으니까. 날아오는 주
먹, 펑 하고 터지는 폭탄, 흐르는 피… 하지만 비폭력은
정확히 뭘까? 비폭력은 소리도 안 나고 눈에 보이지도
않아.

　　사람들은 비폭력주의자라고 하면 전쟁을 반대하
는 평화주의자를 떠올려. 그리고 이런 비폭력주의자를
용기 없고 싸우기 싫어하는 겁쟁이라고 생각해. 우리
주위에서 너무나도 흔하게 폭력을 경험하다보니, 비폭

력주의자는 바보같이 멍청하고 남들에게 당해도 가만히 있는 사람이라고 멋대로 생각해버리지. '비폭력주의자입니다'라고 말하면 사람들은 '나한테 함부로 해도 돼요'라는 뜻으로 받아들여. 무조건 '평화'만 주장한다고 생각해서.

너도 혹시 비폭력을 그렇게 생각했던 건 아니었니?

 그럼, 비폭력이 뭐예요?

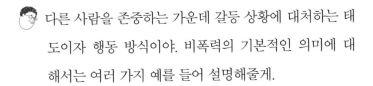 다른 사람을 존중하는 가운데 갈등 상황에 대처하는 태도이자 행동 방식이야. 비폭력의 기본적인 의미에 대해서는 여러 가지 예를 들어 설명해줄게.

적극적으로 갈등을 해결하는 거라고요? 그냥 가만히 앉아서 당하는 게 아니고요?

절대로 그렇지 않단다. 사실, '비폭력'이라는 말만 보면 그렇게 생각할 수도 있지. 물론 폭력에 대해서 '싫다'고 말하는 것이 비폭력인 것은 분명히 맞아. 그게 바로 비폭력의 가장 중요한 첫 번째 요소란다. 정확히 말하면, 비폭력은 다른 사람을 때리지도, 함부로 대하지도, 공격하지도, 죽이지도 않는 거야. 이렇게 말하면 모두가 이해한단다. 신문에서 말하는 비폭력은 '폭력이 없다'는 뜻에 가까워. 예전에 보았던 재미있는 광고가 생각나는구나. '폭력적이지 않은' 세제 광고였어. '이 세제를 사용해보세요! 빨랫감을 상하게 하지 않습니다!' 요즘엔 폭력적이지 않은 게임에 대해서도 많이 이야기하지 않니? 이기기 위해 적을 죽일 필요가 없는 게임 말이야.

그런데 비폭력에는 두 번째 요소도 있단다. 바로 '행동'하는 거야. 폭력에 효과적으로 대항하려면 행동해야 해. 그것도 아주 적극적으로. 그 말이 명확하게 와닿지 않는다면, '비폭력적인 행동' 혹은 '적극적인 비폭력'이라고 말해도 좋을 듯하구나.

간단히 말하면, 비폭력은 폭력을 쓰지 않고 폭력에 맞서는 일이야. 어떻게 그렇게 할 수 있을까? 방법

은 아주 많아. 고통스럽고 어려운 방법도 있지만 재미

있는 방법도 있단다. 그래, 유머러스한 방법도 있어. 폭

력에는 늘 죽음의 위협이 뒤따르지만, 반대로 비폭력

은 '생명의 힘'으로 이기는 방법이란다.

 그런데 폭력을 휘두르지 않고 어떻게 싸울 수 있죠? 너무

어려울 것 같아요!

사람들은 정말로 싸우고 싶으면 폭력을 쓸 때가 많아.

폭력과 전쟁은 우리 인간의 역사에 깊이 뿌리 내리고

있어. 영화나 만화를 보면 폭력으로 남을 누르는 장면

이 나올 때가 많아. 네가 무기를 더 많이 갖고 있으면,

상대방에게 "내가 시키는 대로 해"라고 말할 수 있을

거야. 상대방은 너를 겁낼 테니까. 강하다는 것은 곧 폭

력적이라는 것을 의미할 때가 많아.

하지만 역사를 보면 꼭 그런 건 아니란다. 누군가

가 아무리 겁을 줘도 사람들이 더 이상 순순히 따르기

를 거부했던 때가 있었고, 가장 약하고 가난한 사람들

이 변변한 무기 없이도 스스로를 지키겠다고 일어선 때가 있었단다. 믿어지지 않나보구나? 하지만 그 사람들이 달리 어떻게 할 수 있었겠니? 네가 가진 게 아무것도 없다고 생각해보렴. 총도, 탱크도 없다고 말이야. 그리고 만약에 네가 무기를 가지려 하면, 상대방은 언제나 너보다 더 많은 무기를 손에 넣을 수 있는 상황이야. 그런 경우라면 너는 뭔가 다른 방법으로 너 자신을 지켜야 해. 폭력을 사용하지 않고도 강해지는 법을 배워야 하는 거야. 그것이 바로 "약자의 힘"이란다. 설명하기 쉽진 않지만, 아빠가 하는 일이 그 "약자의 힘"을 연구하고 이해하려 노력하는 것이란다.

 그런 예를 이야기해주실 수 있으세요?

가장 잘 알려진 예로 마틴 루터 킹이 흑인의 권리를 위해 벌인 싸움을 들 수 있단다. 여기 마틴 루터 킹의 이야기를 다룬 그림책이 있구나. 그 이야기를 한번 들어볼래?

이야기는 1955년으로 거슬러 올라간단다. 그 당시 미국 남부에서는 인종차별이 매우 심했어. 흑인은 백인과 섞여 살 수 없었지. 예를 들어 흑인들은 버스를 타면 뒷자리로 가서 앉고 앞자리는 백인들에게 양보해야 했어. 흑인들은 들어갈 수 없는 레스토랑이나 카페도 있었고, 심지어 '흑인과 개는 출입 금지'라는 표지판이 붙어 있는 경우도 있었단다. 과격한 백인들은 흑인들을 공격해서 때리고, 죽이기까지 했지.

그러던 어느 날, 앨라배마 주의 몽고메리라는, 인종차별과 인종 분리가 매우 심한 어느 마을에서 특별한 사건이 일어났단다. 처음에는 아주 단순한 일로 시작되었어. 1955년 12월 1일, 재단사로 일하는 흑인 로자 파크스Rosa Parks가 일을 끝내고 집으로 돌아가는 길이었지. 너무나 피곤했던 그녀는 버스에 탄 뒤 흑인은 뒷자리에 앉아야 한다는 규칙을 어기고 앞자리에 앉았어. 그 자리에 앉고 싶었던 한 백인 남자가 운전사에게 불평을 했지. "이 더러운 검둥이 년이 백인 자리에서 뭘 하고 있는 거요?" 경찰은 그녀를 체포했어. 그러자 어떤 흑인 남자 승객이 그녀가 교도소에 가지 않도록 서둘러 경찰에 보석금을 대신 내주었단다. 하지만 로자 파크스는 여전히 화가 풀리지 않았어. 네가 봤다면 "진짜 열받았나봐요"라고 말했을 거야. 로자 파크스는 인종 분리를 더 이상 참을 수 없었던 거야. 로자는 자신을 도와준 그 흑인 승객과 함께 마을에 부임해온 지 얼마 안 되는 젊은 흑인 목사를 찾아가기로 했단다. 그 목사가 바로 마틴 루터 킹이야. 당시에 마틴 루터 킹은 막 결혼해서 첫아이를 둔 스물여섯 살의 아버지였단다.

마틴 루터 킹 역시 인종 분리를 더 이상 참을 수 없다고 생각하던 참이었어. 뭔가 바뀌어야 한다고 생각했지. 노예에서 해방된 지 100년이 넘었고 이제는 자유롭다고 하지만, 현실에서 흑인들은 여전히 백인들에게 모욕을 당하고 심지어 하찮은 개 취급을 받았어. 마틴 루터 킹은 싸우겠다는 열의로 가득했지만 폭력을 쓰고 싶진 않았어. 그렇다면 어떻게 해야 할까?

다음 날 저녁, 마틴 루터 킹과 친구들이 한자리에 모였어. 그들 모두 뭔가 바뀌어야 한다는 데에 뜻을 같이했지. 그때 갑자기 누군가가 기발한 아이디어를 떠올렸어. "다 함께 거부 운동을 벌입시다. 우리 모두 버스를 타지 말자고요! 그래서 버스회사(당연히 백인들의 회사란다)가 돈을 손해 보면 우리를 좀 더 잘 대해줄 겁

니다." 그다음 날부터 마틴 루터 킹과 친구들은 마을의 모든 흑인들에게 더 이상 버스를 타지 말라고 요청했어. "직장이나 학교, 도시에 갈 때 버스를 이용하지 마십시오." 그렇게 하자 즉시 효과가 나타났어. 버스들이 거의 텅텅 빈 채로 다녔으니까. 흑인들은 거부 운동이 효과를 낼 수 있도록 똘똘 뭉쳤단다. 어디를 갈 때면 여럿이 함께 자동차를 나눠 타거나 택시를 이용했지. 몇 킬로미터를 걸어가는 흑인들도 많았어.

그러자 백인들은 깜짝 놀랐지. "흑인 놈들이 한번 해보자 이거군. 하지만 결국 발이 아파 얼마 못 버틸걸!" 그중에서도 유달리 인종차별이 심한 백인들은 흑인들을 공격하기까지 했어. 마틴 루터 킹은 전화 협박에 시달려야 했지. '더러운 검둥이 자식, 쓰레기, 네놈을 죽여버릴 테다!' 1956년 1월 30일에는 마틴 루터 킹의 집 앞에서 폭탄이 터지기도 했지. 다행히 다친 사람은 없었어. 흑인들은 무기를 들고 백인들에게 똑같이 되갚아주자고 했지. 하지만 마틴 루터 킹은 그들을 말렸어. "모두들 무기를 내려놓고 집으로 돌아가십시오." 그러고는 이렇게 말했어. "폭력을 쓰는 복수로는 이 문제를 해결할 수 없습니다. 그들이 우리에게 무슨 짓을 하든, 우리는 우리의 백인 형제들을 사랑해야 합니다. 그들의 증오에 맞서는 우리의 무기는 사랑입니다." 하지만 힘든 일이었지. 마틴 루터 킹은 여러 번 경찰에 잡혀가 교도소에 갇혔다가 풀려났단다. 인종차별주의자들은 마틴 루터 킹을 꼼짝 못하게 하고 싶었지만, 폭력을 거부하는 그에게서 꼬투리를 잡을 만한 것이 없었어.

거부 운동은 몇 달 동안 계속되었어. 버스회사도 계속 버텼지. 하지만 그 운동이 미국 전역과 해외에 알려지기 시작했어. 마틴 루터 킹뿐만 아니라 몽고메리에 사는 흑인 모두가 유명해졌고, 이들이 어떠한 폭력도 휘두르지 않았다는 사실도 알려졌지. 결국 기자들이 이들에게 관심을 갖게 되었고 흑인들의 말이 세상에 전해지게 되었어. 그들은 말했지. '우리는 백인들과 똑같은 권리를 원합니다.' 1956년 11월 10일, 미국 연방 대법원은 모든 시민은 평등하므로 버스에서의 인종 분리는 헌법에 어긋난다는 판결을 내렸어. 흑인은 이제 백인 옆에 앉을 수 있는 권리를 얻게 된 거야. 그 거부 운동은 총 382일 동안 계속되었었단다.

저는 아빠가 보여준 그림책에 나오는 그 아줌마가 좋아요. 그녀가 이렇게 말했죠. "전에는 발은 편해도 마음은 피곤했어요. 하지만 지금 발은 피곤하지만 마음은 편해요!" 그녀는 매일 수 킬로미터를 걸었지만 상관하지 않았어요. 인간으로서의 품위를 지키게 되었으니까요.

그리고 흑인들이 마침내 승리하고 마틴 루터 킹이 이렇게 말했던 부분도 참 좋아요. "나는 여러분들 중 누군가가 다시 버스를 타면서 '우리 흑인들이 백인들을 이겼어'라고 떠벌인다면 몹시 실망할 겁니다. 우리의 승리는 백인들에 대한 승리가 아닌 정의와 민주주의를 위한 승리여야 합니다. 빈자리가 있으면 어디든 앉을 자유를 위한 승리 말입니다."

왜 그런 부분들이 좋았니?

흑인들이 원하는 것은 힘이 아니라 존중이라는 것을 보여주니까요.

맞아. 비폭력 투쟁의 목적은 다른 사람들로부터 존중을 받는 거야. 단지 버스에서 원하는 자리에 마음대로 앉는 것 같은 권리를 얻으려는 게 아니고. 마틴 루터 킹은 이런 말도 했단다. "백인들을 존중합시다. 그러면 백인들도 우리를 존중하는 법을 배울 겁니다. 서로를 존중할 때 통합을 이룰 수 있습니다. 그래요, 다른 사람들에게 존중받고 싶다면 여러분도 다른 사람들을 존중해야만 합니다." 논리적이지 않니? 1997년 프랑스에서 고등학생들이 운동을 벌였을 때에도 이런 슬로건을 내세웠단다. "존중이 폭력보다 강하다."

기억나니? 아까 비폭력의 기본적인 의미를 말해주면서 '갈등 상황에 대처하는 태도'라고 했지? 태도 또는 마음가짐이 바로 존중과 관련이 있어. 다른 사람들을 존중하는 것이 쉽지는 않아. 존중은 우선 부모와 자녀 사이, 형제와 자매 사이처럼 가족 내에서 시작돼. 어른들도 늘 잘하지는 못한단다. 어른들도 서로 온갖 욕을 하고 다른 사람들을 짓밟으려고 할 때가 있어. 특히 직장에서 그런 일이 많단다. 더 강해지고 더 높아지고 더 많은 돈을 벌려고 다른 사람을 욕하고 헐뜯는 못된 짓을 배우기도 해. 어른들이 청소년들에게 모범이 되지 못하는 거지.

그런데 싸움을 하면서도 상대방에 대한 존중을 잃지 않는 사람들이 있어. 이런 사람들은 인간이나 신에 대한 믿음이 있고, 자신들의 원칙이나 신념에 어긋나는 일은 하지 않으려 해. 드물기는 해도 있기는 있단다. 이런 사람들을 가리켜 우리는 그들의 말을 신뢰할 수 있다고 말해. 그들이 하는 말을 믿을 수 있다는 뜻이야. 그들은 인간을 사고파는 물건처럼 다뤄서는 안 된다고 생각해. 하지만 그 사람들이 순진해서 그러는 건 아니야. 자신을 지키는 법도 알고 인생에서 성공할 줄도 알아. 비폭력이라는 단어를 들어본 적은 없어도 비폭력 정신을 몸으로 보여주는 사람들이야.

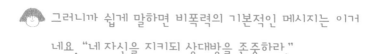

그러니까 쉽게 말하면 비폭력의 기본적인 메시지는 이거네요. "네 자신을 지키되 상대방을 존중하라."

그래, 바로 그거야.

비폭력은 폭력을 거부하는 것이라는 말씀이네요. 그러면 어떤 것이 폭력일까요?

비폭력에 대해 말하려면, 먼저 우리 내면의 폭력성을 깨달아야 해. 우리는 모두 폭력적이 될 수 있고, 심지어 매우 폭력적이 될 수도 있지. 남자든 여자든 다르지 않아. 물론 남자아이들이 여자아이들보다 자주 싸우긴 하지만, 여자아이들도 폭력적이 될 수 있단다. 예를 들어 너도 말로 상대방을 정말 아프게 할 수 있어. 누군가에게 상처를 주거나 사람들 앞에서 창피를 줄 수 있지. "쟤네들 까불지 못하게 해"라거나 "왕따시켜버려"라고 말할 수도 있겠지. 가끔 아이들은 벌레의 다리를 하나하나 뽑으면서 재미있어하지 않니? 그냥 벌레가 어떻게 되는지 보려고 말이야.

아빠가 굳이 설명해주지 않아도 인간이 자신과 똑같은 다른 사람들을 공격하고 죽일 수도 있다는 것은 너도 알고 있을 거야. 그중에서도 최악의 사건은 예전에 독일의 독재자였던 아돌프 히틀러와 나치, 그리고 그들과 손잡은 사람들이 2차 세계대전 중에 저지른 일이었어. 히틀러는 수백만 명의 유태인을 비롯해서 집시와 장애인, 동성애자들을 가스실로 보내 죽이라고 명령했지.

 폭력이 없어질 수 있을까요?

 인간의 본성을 생각하면 힘들어 보이는구나. 사람들을 죽여서 태워버린 폴란드의 아우슈비츠나 나치 수용소를 본 사람들은 "다시는 이런 일이 있어서는 안 돼!"라고 말했어. 하지만 1990년대에 유고슬라비아나 보스니아, 코소보에서 그런 일이 다시 일어났단다. 여성과 아이, 노인들처럼 힘없는 수천 명의 사람들이 쫓겨나고 죽임을 당했어. 마치 과거에서 전혀 교훈을 얻지 못한 것처럼.

　　폭력을 없애기는 영원히 힘들 것 같구나. 하지만 폭력을 줄일 수는 있어! 다행히 인간은 평화롭게 살기 위해 애쓰기도 하니까. 카우보이가 거친 말의 고삐를

죄듯이 폭력을 다스릴 수 있어. 그러려면 먼저 폭력에 대해 잘 알아야 한단다.

 폭력은 우리 안에서 뿜어져 나오지만 우리가 어떻게 할 수 없는 에너지 같은 거군요.

폭력성은 우리의 몸에서 흘러나오는 전류 같은 에너지라서 막을 길이 없다고 생각하는 사람들도 있어. 그 사람들 생각대로라면, 폭력은 어디에나 있고 생명처럼 자연스러운 것이지. 하지만 힘과 폭력을 혼동하는 실수를 저질러선 안 돼. 아무리 어린아이들이라 하더라도 힘과 폭력은 구분할 줄 알아. 사람들이 "저 남자는 힘이 세!"라고 말할 때, 그건 그 남자가 근육이 있고 혼자서 피아노를 번쩍 들 수 있기 때문이야. 그 남자가 폭력적이라는 뜻이 아니라. 폭력은 다른 사람을 아프게 하거나, 다치게 하거나, 죽이거나 하는 특별한 형태의 힘이야. 예를 들면 술을 마시고 아내를 때리는 남자처럼 말이야.

마찬가지로 싸울 준비가 되어 있다고 해서 그것이 곧 폭력을 휘두른다는 것을 의미하진 않아. 그냥 어떤 일을 원하는 대로 이루고 싶어하는 것뿐이지. 비폭력적인 투지는 분명히 있어. 평생에 걸쳐 마틴 루터 킹은 그런 투지를 불태워야 한다고 흑인들을 격려했단다. 죽기 전날 킹은 그의 투지를 보여주는 연설을 했어. "하루 빨리 세계의 유색인들을 기나긴 가난과 고통, 멸시에서 빠져나오게 하지 못한다면, 온 세상이 불행에 빠질 것입니다. 지금 우리에겐 할 일이 있습니다. 신이 창조한 정의로운 세상을 되찾아야 합니다."

 누군가에게 화를 낸다면, 그건 폭력인가요?

 아마도 '공격적이다' 정도로 부를 수 있겠지만, 어떤 사람들은 그것도 폭력으로 말하기도 한단다. 내 생각은 달라. 그 사람들은 청소년이나 어른들이 화를 내며 말을 하면 그걸 폭력이라고 할 거야. 하지만 그렇지 않아! 그런 식으로 하면 네가 더 이상 참을 수 없는 것은 무엇이든지 폭력이 되어버려. 하지만 폭력의 의미를 너무 넓게 잡으면, 조그만 것 하나도 모두 폭력이 되어 버릴 수 있어.

누구나 가끔은 공격적이 되곤 한단다. 때로는 화를 내고 거친 말을 하는 것이 좋을 수도 있어. 참을 만큼 참았다는 것을 표현하는 방법이니까. "지겨워!" "그만하라고!" 누가 알아? 그렇게 내뱉고 나면 오히려 어른이나 친구와 다시 대화를 시작하는 데 도움이 될지 말이야.

 그렇다면 아빠는 어떤 것들을 폭력이라고 부르세요?

 폭력은 다른 사람의 인격을 부정함으로써 결국 그 사람을 죽음에 이르게 하는 거야. 심장이 정지하고 몸이 활동을 멈추는 신체적 죽음만을 말하는 게 아니란다. 한 사람의 깊은 내면의 영혼이 죽는 것까지 말하는 거야. 다른 사람을 한 인간으로 보는 것이 아니라, 맘껏 이용하다가 없애버려도 되는 물건이나 동물로 보는 것이지.

폭력에는 한 가지 형태만 있는 것이 아니라 다양한 형태가 있단다. 우리가 흔히 생각할 수 있는 건 총을 쏘는 것 같은 신체적인 폭력이야. TV나 영화에서 매일 보는 폭력 말이야. 하지만 눈에 잘 띄지 않는 또 다른 형태의 폭력도 있어. 창피를 당하거나 무시당하는 것도 폭력이 될 수 있고, 살 집조차 없는 가난도 폭력이 될 수 있지. 소리 없이 이루어지는 이러한 폭력은 오히려 더 위험할 수 있어. 이런 소리 없는 폭력에 놓인 사람은 어느 날 갑자기 분노를 표출하거나 자살하기도 해. 그러면 사람들은 깜짝 놀라며 이렇게 말해. "도대체 왜 그랬대?" "이런, 그 정도인 줄 몰랐어." 눈에 쉽게 보이는 폭력에 맞서는 것이 전부는 아니란다. 더 깊이 숨겨져 있는 폭력, 가령 비참한 대우와 따돌림, 부당함, 불평등 같은 폭력에도 맞서야 해.

지금까지 이런저런 의미를 이야기해주었는데 지루하지는 않았니?

진정한 **용기**

누가 나를 공격한다면 어떻게 해야 하는지 여전히 모르겠어요.

알겠다. 그렇다면 내가 하나 질문할게. 예를 들어 학교에서 누가 널 때리면 어떻게 할래?

참고만 있지는 않을 거예요. 그 아이에게 "야, 네가 먼저 시작했으니 내가 끝장을 내주지!"라고 말하겠어요.

그래, 그렇게 말하는 게 당연해 보일 수도 있겠구나. 부모라면 누구나 자녀들에게 스스로를 지켜야 한다고 말할 거야. 하지만 주먹질로 맞서는 것 말고 다른 방법은 없을까?

당연히 다른 방법은 없죠. 비폭력으로는 자기 몸을 지킬 수 없어요. 누가 나를 때리는데 고맙다고 할 순 없잖아요!

아냐, 절대 그렇지 않아! 너 혹시 합기도 아니?

이름만요. 합기도 하는 친구가 있거든요.

합기도는 비폭력적인 무술이란다. 공격하지 않고 방어하는 것이 원칙이야. 공격해오는 힘을 이용하여 상대방이 균형을 잃도록 만든 다음 싸울 수 없게 해. 공격에 맞서게 해주는 놀라운 기술일 뿐만 아니라 기본적으로 생명을 존중하는 정신이기도 해. 상대방의 내면에서 적대적인 의지가 '빠져나가게 해서' 그를 다치지 않게 하면서도 더 이상 나를 공격하고 싶지 않도록 만드는 것이 합기도의 목표야. 합기도는 청소년뿐만 아니라 어린이, 여성, 노인들도 할 수 있단다. 몸과 마음의 균형을 가르쳐주지. 합기도를 하면 공격을 받아도 어떻게 해야 하는지 알기 때문에 더 이상 무서워하지 않게 돼. 공격해오는 상대방의 눈을 똑바로 바라보는 법을 배운단다.

물론 학교 운동장에서 남자아이가 널 때린다면 너보고 합기도로 맞서라고 하지는 않을 거야. 그러나 네가 합기도를 한다는 것이 알려지면 사람들은 널 괴롭히기 전에 다시 한 번 생각해보지 않을까?

 정말 그럴 것 같기도 한데요!

합기도는 꽤 심각한 상황에서 쓸 수 있는 방법이지만, 다른 방법들도 있단다. 몸으로 상대와 맞서는 게 전부

는 아니야.

 그게 뭔데요?

 그 질문에 대답하려면, 또 다른 중요한 차이에 대해 말해줘야 할 것 같구나. 폭력과 갈등의 차이에 대해 이야기해줄게. 친구 사이의 실랑이나 부모님 사이의 말다툼이 반드시 폭력이 되는 건 아니야. 사람이 항상 생각이 같을 수는 없어. 당연해. 하지만 갈등과 폭력은 달라. 갈등이 잘못된 길로 빠지면 폭력이 되지.

문제는 갈등 상황에서 우리가 어떻게 행동해야 할지를 알아야 한다는 거야. 갈등 상황에서 폭력이 발생하지 않도록 하면서도 여전히 상대방이 너를 존중하게 하려면 어떻게 행동하는 것이 가장 좋을까? 쉬운 일은 아니지. 우리 어른들은 학교에서 그런 걸 배운 적이 없어. 학교에서 배웠으면 살아가는 동안 도움이 되었을 텐데 말이야. 요즘이라도 학교에서 잘 가르쳐준다면 좋을 것 같구나.

갈등이 생겼을 때 네가 할 수 있는 행동은 크게 세 가지야. 첫째, 아무 일 없다는 듯 가만히 있으면서, 마치 모든 일이 저절로 해결될 것처럼 행동하는 거야. 하지만 그다지 현명한 자세는 아니야. 어느 날 그 갈등이 되돌아와 너의 얼굴을 때릴 수도 있거든.

둘째, 그냥 다른 사람을 비난하는 거야. 앙심을 품고 공격적이거나 폭력적으로 대응하는 거지. 폭력이 효과가 빠르다는 것은 다들 경험을 통해 잘 알아. 하지만 맞은 사람은 복수하고 싶어할 때가 많지. 결국 갈등은 전혀 해결되지 않는 거야!

셋째, 두 사람이 모두 받아들일 수 있는 해결책을 찾아볼 수 있어. 이를 가리켜 합의라고 해. 합의를 이루려면, 각자가 어느 정도 조금씩 포기하여 모두가 이익을 볼 수 있어야 해. 폭력을 사용하지 않고 갈등을 해결하는 방법이야. 오래가는 평화를 만드는 좋은 방법이지. 합의에 이르는 것이 매우 쉬울 때도 있어. 네가 갖고 싶었던 것을 나누기만 하면 돼. 하지만 복잡한 상황이라면 시간이 걸릴 수 있어. 서로 상처 주기를 멈추고, 너의 생각을 설명하려 애쓰고, 진정으로 평화를 원해야 해. 사람들이 항상 그렇게 하려고 하는 건 아니야.

그래서 제3자가 개입하여 화해를 돕는 중재와 같은 기술이 도움이 될 수 있지. 조언을 한마디 하지면, 어떤 갈등 상황이든 상상력을 동원해서 아무도 생각하지 못한 해결 방법을 내놓을 수 있도록 노력해봐. 창의력은 광고에만 필요한 게 아니라 갈등을 해결하는 데에도 도움이 된단다.

 하지만 누가 정말로 내 뺨을 때린다면, 다른 쪽 뺨을 내밀지는 않을 거예요!

 나도 그걸 바라는 건 아니란다. 넌 예수님의 말씀을 생각하고 있나 보구나. "누가 네 오른 뺨을 때리거든 왼쪽 뺨을 내밀라." 해석하기 어려운 말씀이야. 누군가 널 때리는데 대들지 않기란 너무나 어렵거든. 그리고 네가 다른 쪽 뺨을 내미는 것이 상대방의 화를 돋우려는 행동처럼 보일 수도 있고. 어쨌든 우리가 확실히 말할 수 있는 건, 예수님은 우리들에게 우리를 공격한 사람과 똑같이 행동하지 말라고 말씀하고 계시다는 거야.

다르게 행동함으로써 우리는 폭력이 폭력을 부르는 가장 강력한 연결 고리의 하나인 '모방'을 끊어낼 수 있어. 우리는 이 예수님의 말씀을 "원수를 사랑하라"는 성경 구절과도 연결 지어 생각할 수 있어야 해. 마틴 루터 킹은 그 말씀을 이렇게 이해했단다. "사랑에는 창조하고 이루는 속성이 있습니다. 반면에 미움에는 파괴하고 허무는 속성이 있습니다. 그러니 원수를 사랑하십시오."

 그러면 어떻게 해야 해요?

 예수님이 잡히신 후에 성전 경비 대원에게 맞았을 때 어떻게 반응하셨는지 생각해봐. 경비 대원은 "대제사장께 이런 식으로밖에 대답하지 못하느냐"고 예수님에게 호통을 쳤지. 그때 예수님의 반응은 그 남자에게 질문을 던지는 것이었어. "내가 잘못 말하였다면 그 잘못이 무엇인지 말하여라. 그러나 내가 사실을 말하였다면 네가 어째서 나를 치느냐?" 다른 쪽 뺨을 내미는 대신, 예수님은 말로써 그 경비 대원의 양심을 건드린 거야.

주먹이 아닌 말로 대응하는 것이 네 눈에는 바보 같은 행동으로 보일 수도 있겠지만, 매우 효과적일 수도 있단다. 또 다른 형태의 비폭력이지. 신을 믿든 안 믿든, 누구나 한번쯤은 비슷한 경험을 해봤을 거야. 말은 폭력으로부터 우리를 자유롭게 해준단다. 하지만 그게 아무 말이나 해도 된다는 뜻은 아니야. 소리치거나 욕을 해서 네가 두려워하고 있다는 것을 보여주면 안 돼. 긴장된 마음을 진정시켜줄 수 있는 솔직한 말이 필요한 거지. 유머를 조금 곁들이는 것도 도움이 될 수 있어. 아니면 그냥 바라보는 것도 방법이고. 공격적인 느낌 없이, 그냥 상대방을 똑바로 바라보는 것만으로도 매우 효과적일 수 있단다.

 예를 들면요?

 아빠의 심리학자 친구가 들려준 이야기가 생각나는구나. 큰 키 때문에 고민하는 어느 여자아이에 대한 이야기야. 그 여자아이가 길을 갈 때마다 아이들이 쳐다보며 놀려댔지. 결국 그 아이는 심리학자인 내 친구를 찾아왔어. 그리고 조금씩 자신감을 찾아갔단다. 어느 날 그 여자아이가 길에서 두 명의 남자아이를 지나쳤지. 남자아이들 중 한 명이 다른 아이에게 이렇게 말했어. "야, 저런 애 옆에 있으려면 발판이 필요하겠는데!" 돌아선 여자아이는 무표정한 얼굴로 그 남자아이의 눈을 똑바로 쳐다보며 이렇게 대꾸했단다. "네가 그 정도로 쪼그맣다고 생각하나보구나?" 물론 이렇게 대꾸하려면 자신감이 있어야겠지.

 맞아요, 절대로 쉽지는 않아요. 남자아이를 때려주는 게 훨씬 더 쉬우니까요!

자신감은 어떻게 키울까? 어릴 때는 대개 자신감이 부족해. 그런데 너도 알겠지만, 어른이 된다고 해서 자신감을 갖는 게 꼭 쉬워지는 건 아니란다. 미안하지만, 너한테 알려줄 비결 같은 건 없구나. 다만 내 경험을 들려주면서 몇 가지 길을 알려줄 수는 있어.

자신감을 가지려면, 각자 우리 안에 있는 힘을 발견해야만 해. 인간으로서의 존엄성을 바탕으로 하는 내면의 힘 말이야. 만약 고통스런 경험이 있었다면, 내면의 힘에서 자원을 이끌어내는 것이 더 쉬울 수도 있어. 그건 어린 시절의 경험에 대해서도 마찬가지야. 네가 창피를 당하거나 부당하다고 느꼈던 것 때문에 괴로워할 때, 네 앞에는 대체로 두 가지 선택지가 있단다. 첫째, 너는 세상에 대해 원망하는 마음을 품고 복수할 방법을 찾을 수 있겠지. 그런 선택을 한다면, 너는 폭력적이 되거나 아니면 적어도 분노에 가득 찬 사람이 될 거야. 우리가 지금까지 이야기해온 것처럼 말이야. 또 다른 선택지는 조금씩 네 마음의 괴로움을 극복하고 발전해가는 법을 배우는 거야. 네가 발전해갈수록 너의 내면이 강해지는 것을 느끼게 될 거야. 음악이나 그림, 연극, 운동 같은 어떤 활동들은 네 자신을 표현하는 데 도움이 될 수 있단다. 어쩌면 수학이나 프랑스어에 열정을 가져볼 수도 있겠지. 안 될 게 어디 있겠니? 많은 청소년들이 그렇게 헤쳐나가고 있단다. 네가 당한 일을 잊으라는 것이 아니라, 너의 감정을 다스릴 줄 알아야 한다는 이야기야.

아빠도 비슷한 경험을 한 적이 있었단다. 학교에
다니기 시작할 때부터 아빠는 시력이 많이 안 좋았어.
그런 나에게 몇몇 남자아이들이 "눈이 네 개래요" 하
면서 놀려댔지. 어느 날, 어떻게 그런 마음이 들었는지
모르겠지만, 나는 그 아이들에게 본때를 보여주겠다고
말했지. 그때부터 아빠는 정말 열심히 공부하기 시작
했단다. 아빠처럼 자신의 고통을 긍정적인 것으로 변
화시켜 괴로움에서 탈출한 이야기는 아주 많아.

 하지만 언제나 혼자 힘으로 해낼 수 있는 건 아니잖아요.

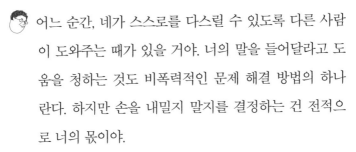 어느 순간, 네가 스스로를 다스릴 수 있도록 다른 사람
이 도와주는 때가 있을 거야. 너의 말을 들어달라고 도
움을 청하는 것도 비폭력적인 문제 해결 방법의 하나
란다. 하지만 손을 내밀지 말지를 결정하는 건 전적으
로 너의 몫이야.

대담하게 큰 소리로 자신의 고통과 두려움에 대

해 말하는 것이 진짜 용기야. 말하는 것이야말로 두려움으로부터 너를 자유롭게 하는 방법이란다. 두려움을 마음속에 꼭꼭 숨겨두는 것은 잘못된 일이야. 마음속에 숨겨둔 두려움은 큰 해를 끼칠 수 있거든. 두려워하는 것은 정상적인 감정이야. 그러니 그냥 두려움을 다스리는 법을 배우면 돼. 두려움에서 벗어나고 고통을 덜어내려면, 용기를 내서 큰 소리로 너의 진심을 말해야 한단다.

예를 들면 성폭력을 당한 여자아이나 남자아이가 그 사실을 청소년이든 어른이든 믿을 만한 친구에게 털어놓을 용기를 낸다는 것은 정말로 중요한 일이란다. 힘들지만 부끄러운 일이 아니야. 안타깝게도 성폭력 문제는 가정에서도, 청소년들 사이에서도 일어난단다. 말을 하고 나면 마음이 좀 편안해질 수 있어. 일어난 일을 한 발짝 떨어져 보게 해주고, 어떤 면에서는 새로 시작하는 마음이 들도록 도와주거든. 아동 성폭력의 경우에도 마찬가지란다. 아동의 입장에서는 아빠나 엄마를 배신하는 기분이 든다 하더라도, 누군가에게 사실을 털어놓으면 마음이 더 나아질 거야.

하지만 그렇게 하는 건 무척 어려운 일이에요.

그래, 자신을 피해자처럼 느끼기가 쉽지. 하지만 피해자가 자신에게 벌어진 일을 스스로 감당하겠다고 마음먹지 않으면 비폭력적인 해결 방법을 찾기는 힘들어. 더 이상 다른 사람들에게 만만한 대상이 되지 않겠다고 결심할 때 비로소 비폭력적인 해결 과정이 시작되는 거야.

피해자가 되지 않겠다고 마음먹어야 너를 패배자로 만드는 관계를 끊어버릴 수 있어. 다른 사람들이 원하는 게임에 더 이상 응하지 않겠다는 것이지. 네가 단호하게 "더 이상은 안 돼, 절대로 더 이상은 안 돼"라고 선언하는 순간, 너는 네 삶의 주인공, 네 이야기의 주인공이 되는 거야.

어린아이들조차도 놀이를 하다가 폭력적인 상황이 벌어지면 어떻게 해야 하는지 알아. "하지 마! 아프단 말이야! 재미없어!"라고 소리치기도 해. 사람들이 너에게 상처를 주고 괴롭히는 상황을 중단시키려면,

'아니요'라고 말할 수 있는 용기를 내야 해. 분명하고 단호하게 "아니요"라고 말할 때, 다른 사람들이 네게 하는 행동을 거부하겠다는 너의 의지를 보여주는 거야.

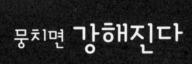

뭉치면 강해진다

 하지만 누가 내 물건을 빼앗으려고 하면요? 실제로 우리
반에 물건을 자주 빼앗기는 아이가 하나 있어요. 처음에는
점퍼를 뺏겼고, 다음엔 신발을 뺏겼어요. 그리고 이번엔
가방까지 뺏겼고요.

 너라면 그 상황에서 어떻게 할 것 같니?

 달라는 대로 줘야겠죠! 이렇게 말하진 못할 것 같아요.
"야, 이거 나쁜 짓이야. 너 어린 시절을 부모님 사랑도 못
받고 불행하게 지냈나보구나." 그런 애들을 타이르고 있을

순 없잖아요!

 그 아이는 그런 일이 있은 후에 자기가 당한 일을 어른들에게 알렸니?

 맨 처음 당했을 때부터요? 그건 모르겠는데요.

 그런 일을 당하면 조금은 창피할 수도 있겠지. 누군가에게 힘없이 당했다는 생각 때문에 다른 사람들에게 말하고 싶지 않을 거야. 더구나 그런 짓을 한 아이들이 "말하면 가만 안 둘 줄 알아" 하고 협박할 수도 있고. 그래서 아무 말도 못하는 거야. 그렇다고 입을 다물고 있으면 두 번, 세 번, 또다시 그런 일을 당할 수도 있단다. 침묵하니까 협박이 먹히는 거야.

유일한 해결 방법은 믿을 수 있는 어른에게 얼른 그 사실을 털어놓는 거야. 설사 협박을 당하고 있더라도 말이지. 그것이 너를 지킬 수 있는 유일한 방법이란다. 다시 한 번 말하지만, 비폭력적인 해결 방법을 선택한다는 것은 용기 있게 목소리를 내어 사실을 이야기함으로써 더는 피해자로 남지 않는다는 뜻이야.

무슨 말씀인지 알겠어요. 하지만 그 애는 그런 일을 당할 아이처럼 생겼어요. 그게 문제죠. 약해 빠진데다 커다란 안경까지 끼고 있거든요.

그러니까 그 아이가 물건을 뺏긴 것이 그 아이 탓이라는 말이니?

조금은요. 그 애가 우연히 그런 일을 당한 건 아니겠죠.

공격의 대상이 되는 아이들이 피해자로 비치기 쉬운 모습을 하고 있을 때가 있기는 해. 외모 때문에 그런 일을 당하는 거 아니냐고? 아마도 일부는 그런 이유도 있겠지. 하지만 그보다는 자신감이 없기 때문에 그런 일을 당하는 경우가 많단다. 다른 사람을 괴롭히는 아이들은 만만한 먹잇감을 잘 알아보거든. 그렇기 때문에, 일어난 일에 대해서 피해 청소년들과 이야기함으로써 그 아이들이 더 이상 스스로를 피해자의 위치에만 머무르지 않도록 하는 것이 중요한 거야.

하지만 이 문제는 물건을 뺏긴 그 아이만의 문제가 아니란다. 그런 일이 생기도록 놔둔 주변 사람들 모두의 문제이기도 해. 어른들이 그런 일이 생기지 않도록 미리 무언가 조치를 취하지 않았다면, 그건 분명히 어른들의 책임이야. 하지만 너희들의 문제이기도 하고 다른 학생들의 문제이기도 해. 또 아니? 언젠가는 그런 일이 너희들에게도 일어날 수 있을지? 그 피해 학생이 좀 더 자신감을 찾고 또다시 그런 일을 당하지 않도록 주변의 친구들이 도와줄 아주 간단하면서도 효과적인 방법이 하나 있어. 그 아이가 학교 수업이 끝나고 집에 갈 때, 친구들 두세 명이 그 아이와 함께 가는 거야. 혼자가 아닐수록 공격의 대상이 될 가능성은 줄어든단다.

뭉치면 강해진다는 거군요.

 그래, 바로 그거야. 뭉칠수록 강해진다는 것은 비폭력의 중요한 원칙이란다. 그 내용에 대해 좀 더 자세히 말해주고 싶지만, 그전에 먼저 아까 말했던 '중재'에 대해 이야기해줄게.

 그건 어떤 건가요?

 더 이상 이기는 사람도 지는 사람도 없도록 갈등 해결을 돕는 방법이란다. 간단히 말하면, 모두가 만족할 수 있는 해결 방법을 찾는 거야.

　　중재는 어른들에게 유용하단다. 이혼하려는 부부가 좋은 예가 되겠구나. 하지만 청소년들에게도 유용할 수 있어. 학생 중재자들을 두어서, 어떤 사건이 벌어지면 쉬는 시간에 중재 활동을 하게 하는 중학교들도 있다고 하더구나.

 그 학생들은 중재하는 법을 어떻게 배운 거예요?

 중재하는 훈련을 따로 받는단다. 그 훈련의 첫 번째 목표는 훈련받는 학생들이 자신감을 개발하고 스스로에 대해 더 잘 알 수 있도록 돕는 거야. 학생들은 남의 말을 잘 듣는 법도 배워. 다른 사람들의 말을 경청하는 법을 배우면 살아가는 동안 큰 도움이 될 수 있어. 그리고 훈련을 통해서 몇 가지 기술도 배운단다. 예를 들어 남의 말을 제대로 듣는 것이 얼마나 어려운지를 알 수 있도록 '전달 게임'을 해보는 거야. 누가 네게 귓속말로 한 문장을 말해주면, 너는 그 문장을 옆 사람에게 전하고, 그 옆 사람은 또다시 그다음 사람에게 전하는 식으로 이어지는 게임이지. 결국 맨 끝 사람까지 전달되고 나면, 문장이 맨 처음과는 완전히 달라져 있곤 한단다. 주의해서 듣지 않기 때문이야.

학생들은 갈등 상황에서 일어난 일을 이해하고 분

석하는 법도 배워. 실제로 연습을 많이 해본단다. 갈등 상황을 하나 정한 뒤 연극처럼 해보면서 다양한 해결 방법을 생각해보는 거야. 그런 연습을 통해서 학교 운동장에서 갈등이 생겼을 때 어떻게 개입해야 하는지에 대해 더 좋은 아이디어를 얻게 되지.

가령 이렇게 묻는 걸로 시작하는 거야. "자, 왜 싸우고 있는지 말해줄래?" 그리고 각자의 입장을 주의 깊게 들어보는 거야. 그런데 여기서 조심해야 할 것이 있어. 중재를 하는 동안에는 판단을 해서는 안 된다는 거야. 그러니까 "네가 잘못했네. 멍청하구나. 그러지 말았어야지"라는 식으로 말해선 안 돼. 그보다는 두 사람이 어떤 마음인지를 이해하고 그들이 해결책을 찾도록 도와주려고 해야 해. 중재는 강을 건널 수 있도록 다리를 놓는 것과 같아. 두 사람 사이를 이어주는 일이야. 중재가 늘 성공하는 건 아니지만, 놀라운 결과를 가져올 때가 많단다. 좀 더 심각한 갈등이라면 시간이 걸리지.

중재를 하는 학생들은 이런 기술들을 배우는 게 매우 유익하다고 말한단다. 학교에서뿐만 아니라 가족이나 친구와의 관계에서처럼 일상생활에도 유익하다는 거야.

하지만 학교에서는 학생들이 해결하기에 너무 심각한 폭력 사건이 생기기도 하죠. 이때는 어른들이 나서야 해요.

물론이지. 폭력의 정도가 너무 심해서 모두가 나서야 할 때가 있어. 교사와 학생, 교직원 모두. 미국의 어떤 학교들은 무장 경비원을 두기도 한단다. 우리도 그래야 할까? 그것이 올바른 해결책인지는 잘 모르겠구나. 중요한 것은 너무 늦기 전에 어른들이 개입해야 한다는 거야. 만약에 폭력의 조짐이 보이는데도 선생님들이 이를 무시한다면 상황이 정말 위험해질 수 있어. 폭력적인 청소년들은 점점 더 폭력적이 될 수 있으니까. 내가 들은 이야기를 예로 들어볼게. 중학교 2학년 학생 하나가 다른 학생을 괴롭혔어. 그런데 어른들은 그 학생에게 아무 말도 하지 않았지. 문제의 그 학생은 선생님에게까지 폭력적인 행동을 보였지만 여전히 그 누구도 아무 말을 하지 않았어. 그러던 중 그 학생이 오랫동안 결석을 했단다. 다시 학교에 돌아왔지만, 그때도 그 학생에게 뭔가 충고해주는 사람은 아무도 없었어.

왜 그랬을까? 사람들은 그 학생이 가정이 불우하니 다시 기회를 줘야 한다고 생각했거든. 하지만 정말로 기회를 주고 싶었다면 그 학생에게 선을 넘었다고 말해주어야 했어. 단호하면서도 그 학생이 다시 시작하는데 도움이 될 수 있는 그런 벌을 주어야 했던 거야. 하지만 벌을 주기는커녕 어느 누구도 아무 말 하지 않았어. 그 학생은 점점 더 나쁜 짓에 빠져들다, 결국엔 범죄를 저지르고 마약까지 손에 대는 지경에 이르렀단다. 내 생각에 사실 그 학생은 어른들에게 자신을 멈춰달라는 신호를 보내고 있었던 거야. 어른들이 이렇게 말해주길 바랐을지 몰라. "이것이 규칙이야! 이 선을 넘으면 안 돼!" 어른들이 청소년들에게 지침을 주는 일은 매우 중요하단다.

 그러니까 비폭력은 법과 밀접한 관련이 있군요?

 물론이야. 규율과도 관련이 있고. 내가 이런 말을 하니까 별로 마음에 안 드나보구나. 분명한 건 그 법이 어떤 법이냐에 따라 다르다는 거야. 법은 공정하지만, 때론 부당한 법도 있단다. 흑인은 버스 뒷자리에 앉아야 한다는 법처럼 부당한 법이라면, 따르지 않는 것이 맞을 수도 있어. 이것을 가리켜 시민 불복종이라고 해. 마틴 루터 킹은 그런 불복종운동을 벌이기도 했지.

　네가 어떤 법을 놓고 그 법이 좋은 법인지 나쁜 법인지를 토론해볼 수는 있을 거야. 그렇다고 해서 '폭력을 막기 위해선 법이 필요하다'는 사실이 변하진 않아. 누구나 지켜야 하는 교통법규가 있듯이, 더불어 살아가려면 규칙과 기준이 있어야 해. 차를 운전할 때 왼쪽으로 운전해야 할지, 아니면 오른쪽으로 운전해야 할지를 잘 알아야 하지? 왼쪽이 더 나은지 오른쪽이 더 나은지는 모르겠지만, 저마다 자기 원하는 대로 운전을 하면 끔찍한 사고가 일어나리라는 건 분명히 알 수 있어. 법은 안전하게 길을 건너는 것뿐만 아니라 서로가 안전한 거리를 유지하고 다른 사람들을 존중할 수 있도록 해주는 거야.

하지만 어른들은 우리들에게 아무런 설명도 없이 무조건 말을 들으라고 강요할 때가 있어요. 우리가 꼭두각시처럼 행동하기를 바란다고요.

 중요한 지적이구나. 만일 선생님이 학생들 앞에 서서 "모든 것은 내가 정한다. 이것은 좋고, 저것은 나빠. 그러니까 너희들은 내 말을 들어야 해. 군말은 필요 없다!"라고 말한다면, 아무도 그 선생님의 말을 듣지 않을 거야. 아빠가 학교에 다니던 시절에는 그런 식이었어. 할아버지 때는 훨씬 더 심했지. 하지만 더 이상 그런 방식은 통하지 않아. 이제 사람들은 다른 형태의 권위를 필요로 한단다. 모든 사람을 좀 더 배려하고, 다른 사람들의 말에 진심으로 귀를 기울이며, 다른 사람들의 의견을 고려하고, 필요할 때는 단호함을 보여주는 그런 권위 말이야. 달리 말하면, 비폭력적인 권위지.

　　학교에서 규칙을 정하는 일에 학생들이 직접 참여하면 훨씬 더 잘 지켜지는 경우가 많아. 가장 먼저 나타나는 효과는 폭력이 줄어드는 거야. 자신들이 만들

비폭력 권위

었다는 생각에 학생들은 규칙을 좀 더 잘 지키려 하거든. 물론 아무리 그래도 학교에서 갈등이 생기는 것을 막을 수는 없지만, 학생들은 갈등을 통제하는 법을 배울 수 있지. 하지만 규칙은 모두를 위한 규칙이어야 해. 학생에게 지각하지 말라고 이야기하려면, 선생님 역시 지각하면 안 되는 거지. 존중은 어느 한쪽만 하는 것이 아니라, 서로 해야 하는 거야.

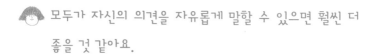

모두가 자신의 의견을 자유롭게 말할 수 있으면 훨씬 더 좋을 것 같아요.

그래, 그렇게 해보면 말이 얼마나 중요한지를 깨달을 수 있을 거야. 학생들은 다른 사람들이 자신의 말에 귀를 기울이고 자신의 의견이 진지하게 받아들여지는 진정한 토론의 기회를 얻을 수 있어야 해. 학교는 학생자치회, 학교 신문, 토론회 등을 통해 그런 기회를 제공할 수 있겠지. 예를 들어, 초등학교에서 선생님들이 건의함 같은 것을 만들어 갈등 해결을 도울 수 있을 거야. 어떤 학생이든 자신이 토론하길 원하는 문제를 종이에 적어 건의함에 넣어둘 수 있고, 매주 학생들은 건의함에 모인 종이를 읽으면서 문제의 해결책을 찾기 위해 노력할 수 있겠지. 어떤 중학교에서는 폭력 문제를 다루기 위해 학생들이 라디오 방송국을 만들어 모두가 서로의 이야기에 귀 기울이고 토론할 수 있게 한 경우도 있어. 학생들 모두 매우 좋아했다는구나.

 하지만 정말로 폭력적인 아이들에게는 대화가 통하지 않을 수 있어요.

물론이야. 훨씬 어렵지. 모든 청소년들이 말로 자신의 의견을 표현하는 데 익숙한 건 아니니까. 어떤 아이들은 마치 주먹을 휘두르듯 말을 하는 경우도 있어. 그 아이들은 공격적으로 대화하는 데 익숙한 거야. 자신은 존중받고 싶어하면서도 상대방은 존중하지 않아. 주변의 어른들은 이런 아이들의 행동이 지긋지긋하다고 말하곤 하지만, 때론 그 어른들도 아이들을 부당하게 비난하기도 한단다. 뭔가 문제가 생기면, "이게 다 사고뭉치 그놈들 때문이야!"라고 말해버리지. 물론 지나가는 사람들에게 시비를 건다든지 하는 것처럼 용납하기 어려운 행동을 하는 청소년들도 있기는 해. 어떤 아이들은 조직 폭력배가 되어 마약을 거래하거나 다른 심각한 범죄를 저지르기까지 하고.

많은 어른들이 이런 청소년들을 두려워해. 특히 그 아이들이 몰려다닌다면 더욱 그렇지. 실제로 그런 아이들은 서로 몰려다닐 때 더욱 폭력적인 모습을 보이기도 한단다. 지나가는 사람들을 겁주는 것이 그 아이들이 지루함을 달래는 방법이기도 하거든. 그런 형태의 폭력은 예상치 못하게 벌어질 수 있고, 그래서 정말 걱정스러운 거야. 만약 분위기가 조금이라도 날카로워지면, 한마디 말로도 불씨가 당겨질 수 있으니까.

 학교에서 다른 학생들을 죽인 아이들에 대해서 들어본 적이 있어요.

1999년 4월 20일 콜로라도 주 리틀턴의 컬럼바인 고등학교에서 벌어진 사건을 이야기하는가 보구나. 두 학생이 학교에 총을 가지고 가서 학생들을 쏜 다음 자살한 사건이었지. 열다섯 명이 목숨을 잃었단다. 정말로 이해할 수 없는 사건이었고, 미국 전체가 충격에 빠졌지. 흔히 미국인들은 대개 가난한 사람들이나 유색인들이 폭력을 저지른다고 생각하지만, 그런 생각은 진부한 고정관념에 불과해. 컬럼바인 고등학교 사건을 저지른 학생들은 부유한 가정에서 자란 백인 청소년들이었단다. 그들은 평화로운 동네에서 자랐고, 겉으로 보기엔 학교에서 이렇다 할 문제를 일으킨 적도 없던 학생들이었지.

그 두 학생이 빠져 있었다던 폭력적인 비디오게임이 그들에게 영향을 미쳤을까? 아이들을 잘 보살피지 못한 부모들의 잘못일까? 아니면 총을 너무 쉽게 구할 수 있도록 한 법이 문제일까? 그들이 도대체 왜 그런 행동을 했는지 설명하기가 너무 어렵구나.

어쩌면 그 두 학생은 사회가 그들을 실패자로 보고 있다고 생각했을 수도 있어. 어쩌면 그들은 거부당하고 있다는 느낌을 받았을 수도 있지. 특히 그 학교의 다른 학생들한테 말이야. 어쩌면 그 학생들은 복수하고 싶었을지도 모르고, 한번쯤은, 단 한순간만이라도 세상에서 가장 강한 사람이 되고 싶다고 생각했을 수도 있어. 그들이 강인함의 상징인 학교 운동선수들을 목표로 삼은 듯이 보였던 건 그런 이유 때문이었을까? 보도에 따르면, 이 학생들은 다른 학생들에게 총을 쏘면서도 웃고 있었다는구나.

 믿을 수 없는 일이에요.

 그래. 하지만 그런 사건이 컬럼바인 고등학교에서만 벌어진 건 아니야. 여러 폭력 사건들이 미국과 유럽에서 발생했지. 2002년 4월 26일 독일의 에르푸르트에서도 비슷한 사건이 벌어졌었어. 학교에 잘 적응하지 못했던 한 학생이 선생님과 학생들을 쏘고 자살한 사건이었지. 열아홉 명이 목숨을 잃었단다.

그런 일이 다시 일어나지 않도록 하려면 어떻게 해야 하죠?

 어떤 사람들은 학교에 무장 경비원을 두어야 하지 않느냐고 말하기도 해. 하지만 그건 문제의 근본적인 해결책이 될 수 없어. '무관용' 정책을 주장하는 사람들도 있지. 무슨 뜻이냐 하면, 만약에 어떤 학생이 위협적으로 보이는 말이나 행동을 했을 때, 그 즉시 학교에서 어떤 조치를 취하도록 의무화하는 거야. 그 조치에는 정학이나 퇴학도 포함된단다. 학생들은 위협적으로 보이는 상황을 목격하면 보고해야 하고. 물론 경계를 게을리하지 않는 것이 중요하긴 해. 하지만 어떤 말이나 행동이 진짜 위협으로 이어질지를 어떻게 알 수 있을까? 그리고 '무관용' 정책은 자칫 서로가 서로를 감시하는 끔찍한 분위기를 만들어낼 수도 있어. 한 가지는 확실해. 학생들의 이야기에 귀 기울이고 폭력 없이도 문제를 해결하도록 학생들을 도와줄 수 있는 더 많은 상담 선생님들이 학교에 있어야 한다는 거야.

폭력을 휘두르는 사람들은 스스로를 형편없는 사람으로 보는 경우가 많단다. 앞서 내가 말했던 것처럼, 그런 사람들은 대개 스스로를 실패자로 단정 짓고 사회를 원망하곤 하지. 그들의 폭력은 마음속 깊은 곳의 무기력이 표출된 거야. 그들은 쓸모없는 존재인 자신들에게는 미래도 없다고 생각하지. 그들은 사회가 그들 따위는 안중에도 없다고 느끼기 때문에, 뭔가를 파괴함으로써 '내가 여기 있다'고 알리려는 거야.

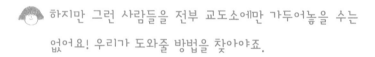

하지만 그런 사람들을 전부 교도소에만 가두어놓을 수는 없어요! 우리가 도와줄 방법을 찾아야죠.

물론이야. 하지만 우선은 법을 지키지 않은 사람들을 벌하는 것부터 시작해야 해. 죄에 맞는 처벌이 따라야지. 그리고 어른들이 각 상황에서 처벌이 필요한 한계선도 명확히 정해놓아야만 해. 바늘도둑이 소도둑 된다는 말도 있지 않니? 가령 십대 한 명이 가게에서 어떤 물건을 훔쳤는데, 여러 사람이 그것을 보고도 아무 말도 하지 않았다고 해보자꾸나. 그렇게 모두들 내가 상관할 일이 아니라는 듯 행동하면 결국 그것은 그 아이가 다음에 더 심각한 범죄를 저지르도록 부추기는 꼴이 되지 않을까?

정의로운 세상을 위해서

어떻게 하면 그런 청소년들을 도와줄 수 있는지 물었지? 모두가 할 수 있는 역할이 있단다. 그 청소년들뿐만 아니라, 그들의 삶에 영향을 미치는 모든 사람들, 즉 부모를 비롯하여 학교와 공동체의 어른들 모두가 할 수 있는 역할이 있어. 비폭력은 세 가지 효과적인 전략을 보여준단다.

첫 번째, 기본적인 원칙이 있어. 다른 사람을 공격하거나 상처 주지 않고도 가치 있는 사람이 될 수 있다는 사실을 모든 청소년들이 알 수 있도록 해줘야 해. 청소년들은 책임을 지고 싶어하고 일을 원해. 얼마나 많은 청소년들이 책임이나 일을 맡고 싶어하는지 알면 아마 놀랄걸? 운동이나 음악처럼 청소년들이 흥미를 느낄 만한 활동을 하게 할 수도 있어. 그러면 아마도 청소년들은 자신의 가치를 발견하고 정말로 관심 있는 분야로 발전시켜나갈 수 있을 거야.

두 번째, 어렵더라도 청소년들, 경찰, 학교 경비원, 이웃들이 서로 대화하는 것이 중요해. 모두가 서로에 대해 두려움을 품고 있기 때문이야. 해결책을 찾으려면, 먼저 두려움을 줄여나가는 것부터 시작해야 한단다. 두려움을 없애기 위한 여러 가지 방법이 있는데, 그중 한 가지는 프랑스의 심리치료사 샤를 로즈망이 제안한 방법이야. 우선 모든 사람들에게 각자 마음속에 품고 있는 감정과 공포, 심지어 증오까지도 터놓고 이야기할 수 있는 기회를 줘. 그런 다음 청소년들과 경찰, 경비원, 시청 관계자들이 서로 만나는 자리를 마련하는 거야. 그런 만남을 통해 서로가 서로를 잘 알게 될 뿐만 아니라, 구체적인 해결책을 찾아냄으로써 공동체가 더욱 평화로운 마을이 될 수 있다는 주장이지.

 그 방법이 효과가 있을까요?

그 방법은 청소년들을 상대하는 사람들이 더욱 효과적으로 일할 수 있도록 도와준다. 청소년들과 대화하기가 더 쉬워지고, 경찰은 청소년들을 좀 더 부드럽게 대하게 되며, 청소년 담당 기관도 청소년들에 대해 권위적인 태도를 벗어버리게 되지.

　이제 세 번째 전략을 말해줄게. 바로 청소년들 스스로 행동으로 폭력을 거부하는 거야. 가난한 동네에 사는 청소년들이라고 해서 모두 폭력적인 것은 아니야. 그 동네가 싸움터인 것도 아니고. 가난하더라도 대부분의 사람들은 평화로운 삶을 살고 있지만, 일부 신문이나 TV 프로그램은 간단하게 사실을 왜곡하곤 하지. 그들에게는 '폭력적인 청소년=빈민가 청소년=빈민지역=폭력'이야. 이제는 그런 식으로 부당하게 규정짓는 것을 거부하는 청소년들도 많단다. 그들은 사람들이 청소년들에 대해 이제까지와는 다른 방식으로 말해주기를 바라고 있어.

청소년들이 어떻게 할 수 있을까요?

청소년들이 함께 행동에 나설 수 있어. 예를 들어보자꾸나. 1999년 3월 싸움을 말리던 한 청소년이 목숨을 잃는 일이 있었단다. 그러자 파리 변두리의 청소년들이 모여 '폭력은 이제 그만'이라는 시위를 벌였어. 그들은 다른 청소년들에게 함께 행동에 나설 것을 촉구하면서 구체적인 제안을 만들어보자고 했지. 네가 다른 사람들과 함께 외치고 행동할 때, 너의 말에는 더욱 힘이 실리고 다른 사람들이 너의 말에 귀를 기울일 가능성은 더욱 커진단다. 그것이 바로 비폭력 행동이 나아가는 방식이지.

 다른 예도 더 들려주실래요?

 오늘날의 청소년들이 1983년 파리의 청소년들이 벌였던 중요한 비폭력 행동에 대해 알고 있을까? 그 당시 청소년들은 마르세유에서 파리까지, 프랑스 전국을 걷는 대규모 행진을 했어. 무려 720km를 걸었지! 이 아이디어는 리옹의 가난한 변두리 동네에 살던 아랍 이민자 청소년들에게서 나왔어. 그들이 사는 가난한 동네에선 심각한 폭력이 종종 벌어지곤 했어. 차는 불타고 청소년들은 경찰과 싸웠지. 1983년 6월 20일 저녁, 경찰은 운전면허증이 없는 청소년 한 명을 뒤쫓아 체포했어. 그 청소년이 차에서 내리자 경찰견이 달려들었어. 비명소리를 들은 또 다른 청소년 투미 자이자는 집에서 뛰어나와 개에 물린 청소년을 도와주려고 했단다. 그런데 경찰은 투미를 총으로 쐈어. 그는 기적적으로 살아났지만, 동네의 젊은이들은 큰 충격을 받았어. 그들은 폭력을 끝내기 위해 뭔가를 해야 한다고 생각했지. 하지만 무엇을 할 수 있을까?

투미의 병실에 모인 청소년 몇 명이 '평등을 위해, 그리고 인종차별과 맞서기 위해' 행진을 하자는 제안을 했어. 그들은 아랍 이민자들을 모두 폭력배인 양 말하는 사람들의 생각을 바꾸어놓고 싶었지. 그들의 제안에 아랍 이민자들과 친분이 있는 크리스티앙 들로드므 신부도 함께했어. 들로르므 신부는 청소년들에게 마틴 루터 킹에 대해 이야기해준 적이 있었고, 함께 간디에 대한 영화를 보기도 했었단다. 너 간디가 누군 줄 알고 있니?

사진을 본 적이 있어요. 대머리에 동그란 안경을 낀 키 작은 아저씨잖아요. 그리 잘생기지는 않았던 것 같은데… 그 사진 아래에 비폭력을 만든 사람이라고 쓰여 있었어요.

간디 전에도 무기 없이 저항했던 수많은 싸움이 있었지만, 아무도 그것을 비폭력이라고 부르지는 않았단다! 간디와 함께 처음으로 사용된 비폭력이라는 단어는 결코 수동적인 아닌 행동 방식을 일컫는 말이 되었지. 간디는 '수동적 저항'이라는 표현을 좋아하지 않았어. 간디는 인도의 독립운동을 하면서 비폭력 행동의 이론을 발전시켜나갔단다.

간디에게 비폭력은 삶의 모든 영역에 적용되는 인생철학이었어. 비폭력 행동은 폭력보다 더 도덕적인 행동일 뿐만 아니라, 더 효과적이기도 해. 폭력은 원래의 목표에서 멀어지게 하지만, 비폭력은 그렇지 않아. 사실, 어떤 수단을 선택하느냐에 따라 목표가 결정되는 법이거든. 간디의 유명한 말이 있지. "나무가 씨앗 안에 있듯이 목표는 수단 안에 있다."

간디는 정확히 무슨 일을 했어요?

 간디가 살았던 1900년대에 인도는 영국의 식민지였단다. 영국인 수천 명이 인도인 3억 명을 지배했어. 다른 많은 인도인들과 마찬가지로 간디는 그 상황을 끝내야 한다고 생각했지. 간디는 영국의 식민 지배를 끝내고 조국 인도를 독립시키고 싶어했어. 간디의 목표는 영국인들을 죽이는 것이 아니라 쫓아내는 것이었어. 그래서 간디는 다른 방식으로 저항하려 했단다.

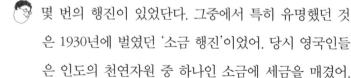 그래서 간디와 인도인들은 행진을 했군요?

몇 번의 행진이 있었단다. 그중에서 특히 유명했던 것은 1930년에 벌였던 '소금 행진'이었어. 당시 영국인들은 인도의 천연자원 중 하나인 소금에 세금을 매겼어. 어느 날 간디는 좋은 생각이 떠올랐지. 사람들과 함께

78

바다 쪽으로 행진해 그곳에서 소금을 캐기로 한 거야. 행진에 참가한 인도인들은 매일 20~30킬로미터를 걸었어. 갈수록 많은 사람들이 함께했지. 그들은 행진을 하면서 많은 사람들과 이야기를 나눴고, 기자들은 그 행진을 기사로 썼어. 행진 참가자들이 바닷가에 도착하자, 많은 사람들이 간디 주변에 모여들었지. 그러자 간디는 영국이 법으로 금지한 일을 했어. 소금을 한 움큼 쓸어 담은 거야! 그것은 전 세계에 대고 이렇게 말하는 것과 같았어. "우리는 독립을 원합니다!" 사람들은 간디가 잡혀갈까봐 걱정했어. 하지만 간디는 인도인들에게 절대 무기를 들지 말라고 했어. 영국은 이런 상황에서 어떻게 해야 할지 몰랐지. 특히나 전 세계의 기자들이 간디에 대해 이야기하고 있었으니 말이야. 처음에 영국은 간디를 교도소에 가두었다가 풀어주었어. 하지만 결국 영국은 간디를 지지하는 수백만 명의 인도인들이 있다는 것을, 그의 말 한마디 한마디가 큰 영향을 미친다는 것을, 그리고 간디와 함께 인도의 독립에 대해 이야기할 수밖에 없다는 것을 깨닫게 되었단다.

아랍 청소년들이 벌인 행진은요? 그건 어떻게 되었죠?

 아랍 이민자 청소년들이 파리에 가까이 다가갈수록 다양한 인종과 계층의 수많은 사람들이 그들에게 지지를 보냈어. 다른 청소년들도 함께 참여했고, 사람들은 그들의 용기에 감명을 받았단다. 점점 더 많은 신문기사에서 그들의 이야기가 다뤄지기 시작했지. 그들이 파리에 도착했을 때 수만 명의 사람들이 기다리고 있을 정도로 그들은 엄청난 관심을 받았어. 프랑스의 이민자 권리를 위해 노력했던 프랑수아 미테랑 대통령이 행진의 대표자들을 만났지. 물론 그 행진 이후에 인종 차별이 사라진 건 아니야. 하지만 그 행진은 많은 사람들에게 이민자들의 자녀들이 맞닥뜨린 현실을 일깨워 주었단다.

 정말 멋진 비폭력 행동이군요! 다른 예도 있어요?

물론이지. 하지만 그 모든 예들을 다 말해주려면 시간이 엄청나게 걸릴 것 같구나. 그 대신, 아빠가 역사 속의 한 사례를 들어 비폭력 행동의 몇 가지 원칙을 설명해주면 어떨까?

좋아요. 비폭력의 방법이 있다는 거죠?

그래, 어느 정도는. 물론 이 원칙들이 요술 지팡이라는 건 아니야. 그것이 효과를 나타낼 수 있을지는 그런 원칙을 적용하는 너의 능력과 그에 대한 상대방의 반응에 달려 있단다.

첫 번째 원칙은 네가 이루고자 하는 목표가 정확히 무엇인지 알아야 한다는 거야.

좀 더 정의로운 세상을 만드는 거예요!

정말 좋은 목표구나. 아빠가 지금까지 네게 들려준 이야기는 모두 정의와 자유를 위한 투쟁, 궁극적으로 평화를 위한 투쟁과 관련이 있어. 그런 것들이 바로 비폭력의 가치야. 이기려면 구체적이고 현실적인 목표가 있어야 해. 마틴 루터 킹의 투쟁은 이에 딱 들어맞는 예라고 할 수 있단다. 미국에서 흑인의 권리를 위해 싸운다고 말하면 너무 막연해. 하지만 흑인이 버스에서 아무 자리에나 앉을 수 있고, 어느 레스토랑이나 들어갈 수 있고, 백인 아이들과 같은 학교에서 공부할 수 있도록 하기 위해서 투쟁한다면, 그런 것들이 바로 구체적인 목표가 되는 거야.

투쟁이 성공을 거두게 하려면, 사람들이 모여 그룹을 만들어야 해. 그룹을 몇 개 만들어야 할 수도 있어. 그게 바로 두 번째 원칙이야. '너의 목소리에 귀 기울이는 사람들과 함께 싸우고 많은 사람들과 함께 힘을 합쳐라'. 문제는 우리가 정말로 그런 일에 익숙하지 않다는 사실이야. 일반적으로 사람들은 자신이 원래 있던 자리에 안주하길 좋아하지. 그러니 함께 힘을 모으려면 뭔가 자극이 필요해. 하지만 사람들이 일단 힘을 모으면, 평범한 사람들도 놀라운 일을 해낼 수 있단다. 저항은 단순히 유명한 사람들만 하는 일이 아니야. 이름 없는 사람들이 해내는 단순한 행동도 필요할 수 있단다. 내가 들려주었던 비폭력 투쟁은 모두 작은 행동에서 시작되었어. 그런 행동들이 모이면서 사람들은 조금씩 자신감을 얻어갔고 점점 더 대담하게 행동할 수 있을 만큼 강해졌다는 것을 느낀 거야.

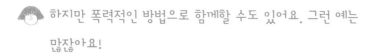 하지만 폭력적인 방법으로 함께할 수도 있어요. 그런 예는 많잖아요!

맞아. 그래서 복잡한 거야. 폭력이 더 효과적이라고 믿는 사람들은 늘 있어. 마틴 루터 킹의 시절에도 꽤 많은 흑인들이 그렇게 생각했단다. 그러니 비폭력 행동이 효과적일 수 있다는 것을, 아니 폭력보다 훨씬 더 효과적일 수 있다는 것을 보여줘야 해.

쉽지 않은 일이네요.

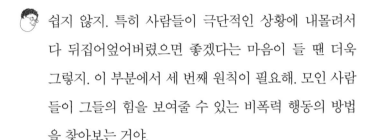 쉽지 않지. 특히 사람들이 극단적인 상황에 내몰려서 다 뒤집어엎어버렸으면 좋겠다는 마음이 들 땐 더욱 그렇지. 이 부분에서 세 번째 원칙이 필요해. 모인 사람들이 그들의 힘을 보여줄 수 있는 비폭력 행동의 방법을 찾아보는 거야.

 버스 승차거부 운동처럼 말이군요.

 예를 들면 그렇지. 하지만 행진이나 어떤 독특한 행동 같은 것이 될 수도 있어. 더 이상 희생당하지 않겠다는 결연한 의지를 보여주기 위해서 너에게 강요된 어떤 것을 거부할 수도 있어. 간디는 그것을 '부당함에 대한 협력의 거부'라고 불렀지. 그러기 위해서는 모두가 함께 참여할 수 있는 행동을 생각해내야 해. 흑인들에게 더 이상 버스를 타지 말라거나 '흑인과 개는 출입 금지' 푯말이 붙은 레스토랑에 들어가라고 한 것은 좋은 아이디어였어. 또 다른 예로는 일을 멈추고 파업을 하는 방법도 있단다. 프랑스와 미국에서 파업은 권리지만, 일부 나라들에서는 아직도 파업이 사실상 금지되어 있어. 이런 나라들에서 파업은 저항의 행동이 되겠지.

예전에 세계의 관심을 모은 유명한 비폭력 파업이 벌어진 적이 있었단다.

 어떤 일이었나요?

 1980년에 폴란드에서 벌어진 파업이었어. 그 당시 폴란드인들에게는 자유가 없었어. 공산주의자들이 나라를 다스리고 있었거든. 그리고 폴란드 정부의 그 공산주의자들은 예전 소련의 모스크바에 있는 또 다른 공산주의자들로부터 지시를 받았지. 자유를 요구하는 폴란드인들은 일자리를 잃거나 교도소에 가거나 총살을 당할 수도 있었어.

그런데 1980년, 발트해 연안에 위치한 항구도시 그단스크의 대규모 조선소에서 배를 만들던 노동자들이 파업을 시작했어. 그들은 10년 전에도 파업을 한 적이 있었단다. 하지만 그 당시 일부 노동자들이 경찰서를 공격하자 경찰이 총을 쐈어. 수십 명이 죽었으니 학살이나 마찬가지였지. 그래서 노동자들은 1980년 파업 때는 폭력을 쓰지 않기로 했어. 그들은 조선소에 진을 치고 문을 걸어 잠갔지. 그리고 혹시 감정을 자제하지 못하고 흥분할까봐 술 마시는 것부터 금지했어.

그 누구도 감히 파업을 벌일 수 없었던 폴란드 같은 나라에서 그것은 믿기 힘든 사건이었지. 얼마 지나지 않아 프랑스나 영국, 미국 같은 나라들에서 기자들이 왔어. 경찰이 사방에서 감시하고 있었지만, 그래도 몰래 조선소 안으로 들어가는 데 성공한 기자들도 있었지. 공산주의 국가에 사는 사람들에게는 '자본주의' 국가에서 온 기자들과 이야기하는 것이 위험한 일이었어. 그단스크의 노동자들은 서방 기자들을 만나는 것이 그들에겐 행운이 될 수 있다는 걸 알았어. 그들은 서방 기자들을 자유의 전달자로 생각했단다!

비폭력 투쟁에 있어서 기자들은 무슨 일이 벌어지는지를 바깥 세상에 알리는 매우 중요한 역할을 하기 때문이야. 예를 들어 폴란드의 언론들은 파업에 대해 거의 보도하지 않거나, 아니면 매우 부정적으로 보도했어. 신문에 기사도 나오지 않고 TV에 방송도 되질 않으니 파업이 성공할 가능성은 아주 낮았지. 그렇기 때문에 파업 노동자들은 희망을 가지고 서방 기자들을 맞이한 거야. 폭력을 피하고 싶었던 파업 노동자들은 그것을 사람들로부터 공감을 얻을 좋은 기회로 생각했지. 어쨌든 노동자들은 과거에 자신들을 향해 탱크와 기관총을 사용했던 적이 있는 그런 자들을 상대하고 있었으니까.

파업은 15일 동안 계속되었어. 사람들은 군이 개입할 거라고 생각했지. 하지만 정부는 주저했어. 간디의 행진 때도 그랬던 것처럼, 전 세계의 사람들이 그 파업에 대해 이야기하고 있었거든. 그러니 폴란드 정부는 노동자들과 협상을 할 수밖에 없었지. 결국 노동자들은 그들이 가장 중요하게 생각했던 목표인 '독립된 노동조합'을 쟁취할 수 있었단다. 그들은 그 노조의 이름을 '연대'를 뜻하는 '솔리다르노시치Solidarność'라고 불렀어. 나중에, 그 파업을 이끌었던 레흐 바웬사Lech Wałęsa는 노벨 평화상을 받았단다.

 정말 멋진 이야기예요!

비폭력의 힘

원칙 이야기로 다시 돌아가볼까? 네 번째 원칙은 말의 힘을 이용하는 거야. 이에 대해서는 이미 이야기했지? 어찌 보면 당연한 거란다. 행동만 가지고는 안 되니까. 네가 하는 행동을 설명할 수 있어야 해. 말의 힘은 다 같이 힘을 합하여 한목소리를 내는 것과 관련이 있어. 같은 목표를 가진 사람이 많으면 많을수록, 그들의 목소리가 전달될 가능성은 높아져. 학교에서도 가끔 그런 일이 있지 않니? 어떤 선생님이 부당한 결정을 내리면 학생들이 모여서 함께 선생님을 찾아가 항의하기도 하잖아.

스스로 정확하게 설명을 할 수 있어야 다른 사람들로부터 이해와 지지를 받을 수 있어. 때론 유머가 사람들로부터 공감을 불러일으킬 수 있는 좋은 무기가 되기도 하지. 1970년대에 프랑스에서 유명한 비폭력 투쟁이 있었는데, 거기서 유머가 효과를 톡톡히 발휘한 적이 있었단다.

 어떤 일이었는데요?

프랑스 남부의 시골 마을인 라르작의 농부들이 벌인 투쟁이었어. 그 당시 사람들은 라르작의 농부들에 대해 잘 알지 못했어. 그들을 히피로 오해하거나 라르작을 사막 지역으로 착각하는 사람들도 있었을 정도였단다. 사람들은 라르작의 농부들이 그곳에서 양을 기르고 로크포르라는 유명한 프랑스 블루치즈에 들어가는 우유를 생산한다는 것도 몰랐어. 그 농부들 중에는 매우 현대적인 농업 시설까지 갖춘 사람들도 있었는데 말이야.

그러던 어느 날 라르작의 농부들은 그 땅에 군부대가 들어설 계획이어서 자신들이 쫓겨나게 생겼다는 사실을 알게 되었어. 그들은 군대 주둔에 반대하는 입장은 아니었지만, 그런 결정은 부당하다고 생각했어. 그래서 비폭력인 방식으로 싸우기로 했지. 하지만 어떻게 해야 그들의 투쟁을 알릴 수 있을까? 당시는 1972년이었기 때문에 라르작 바깥에 사는 사람들은 라르작에서 무슨 일이 벌어지는지를 알기가 힘들었어. 그래서 농부들은 재미있는 아이디어를 생각해냈지.

 어떤 아이디어였어요?

농부들은 몰래 양떼를 몰고 파리까지 간 다음 에펠탑 아래에 양떼를 풀어놓았단다! 지나가는 사람들이 물었지. "무슨 일이죠? 라르작에서 온 농부들이라고요? 거기가 어디죠? 양들이 참 귀엽네요. 그나저나 여기서 왜 이러고 계시는 거죠?" 농부들은 자신들이 왜 화가 났는지 설명했어. 그들은 뭔가를 부수거나 불태워 사람들의 관심을 끌 수도 있었지만 폭력적인 방법은 사용하지 않기로 했다고 말했어. 물론 그들은 몇몇 기자들에게도 알렸지.

"댁들이 하는 일에 우리는 동의하지 않아"라고 말하며 농부들에게 시비를 걸고 협박하는 사람들도 있었을 것 같은데요.

그래. 그것도 한두 번이 아니었지. 비폭력 투쟁을 하는데 누가 도발해오면 이를 상대하기란 여간 쉽지 않은 일이야. 이렇게 말하는 사람들이 항상 있어. "오호, 비폭력주의자시라고! 어디 한번 볼까!" 그리고 그들은 시위자들의 약을 올려서 폭력을 쓰게끔 유도해. 이 부분에서 다섯 번째 원칙이 필요해. '누군가가 당신을 자극하더라도 비폭력적인 태도를 유지하라.' 쉽지 않은 일이긴 하지. 그리고 비폭력 행동에 참여할 때는 위험이 따를 수도 있다는 걸 알아야 해. 뭔가를 바꾸기 위해 싸운다면, 위험도 감수할 수밖에 없는 거란다. 비폭력 투쟁에서도 마찬가지야.

앞에서 내가 들려준 '평등을 위한 행진'에서 있었던 일 하나가 생각나는구나. 행진에 참여한 청소년들 중 한 명이었던 부지드가 내게 들려준 이야기야.

행진 대열은 로리올이라는 도시에서 잠시 머물기로 했지. 그 도시에 도착했을 때, 픽업트럭 하나가 그들에게 다가왔어. 트럭 안에 있던 세 명의 남성이 행진 참가자들에게 욕을 하기 시작했지. 트럭에서 내리는 남자들의 손에는 곤봉이 들려 있었는데 총처럼 보이기도 했어. 순간 참가자들은 공포로 얼어붙었지. 부지드는 돌을 집어 들었어. 나중에 내게 말하길, 그 남자들을 박살내버리겠다는 생각까지 했다고 하더구나. 하지만 부지드 옆에 있던 한 사람이 날카로운 목소리로 "내려놔!"라고 말했어. 부지드는 자신이 폭력을 휘두르지 않겠다고 맹세했었다는 것을 기억하고 돌을 내려놨지. 나중에 부지드는 내게 이렇게 말했단다. "말로 표현할 수 없는 커다란 승리였어요. 생전 처음으로 제 자신을 다스릴 수 있었으니까요. 증오에 폭력으로 맞서지 않은 거예요."

그때 갑자기 누군가가 "빨리 걸어요!"라고 소리쳤어. 그러자 행진 참가자들은 조용히 서서 위협적인 눈초리를 보내던 그 세 명의 남자들을 뒤로하고 걸어갔단다.

아빠, 아까부터 물어보고 싶었던 것이 있었어요. 히틀러 같은 독재자를 상대해야 한다면 비폭력으로 뭘 할 수 있을까요?

 아빠는 그 문제를 오랫동안 연구해왔단다. 무기도 없이 어떻게 시민들이 독재자에 저항할 수 있을까? 저항의 결과가 매우 좋지 못했던 적이 많았던 것도 사실이야. 1989년에 중국에서 있었던 일을 한번 보자꾸나. 베이징의 대학생들이 민주주의를 요구하며 톈안먼天安門 광장에서 시위를 벌였어. 그러자 군대가 그들에게 총을 쏘았지. 하지만 그런 경우라 하더라도, 비무장 저항은 독재자들에게 골칫거리가 될 수 있어. 마치 기계 안에 들어간 모래알이 고장을 일으키듯이 비무장 저항은 독재자들이 만들어놓은 지배 체제에 균열을 일으킬 수 있단다. 정말 설명하기 어려운 현상이지. 마치 추리 소설의 수수께끼를 푸는 것처럼 아빠도 그걸 이해하기 위해 노력해왔단다. 히틀러와 나치가 유럽을 지배하던 때, 그리고 소련이 폴란드를 비롯해서 유럽의 일부를 지배하던 때의 여러 비무장 저항 사례들을 연구했어.

독재자가 지배하고 공포의 분위기가 가득한 곳에서는 행동에 나서기가 거의 불가능해. 시위를 해야 한다고? 잘못하면 곧바로 잡혀 교도소에 가거나 사형을 당할 수도 있어. 그건 그리 좋은 생각이 아니야. 비폭력 행동은 순교가 아니니까!

하지만 독재 정권하에서도 사람들은 여전히 서로 연대하는 행동을 할 수 있단다. 박해를 받으면, 사람들은 서로 뭉치는 경향이 있거든. 사람들은 몰래 서로를 돕지. 예를 들면 히틀러 시대에 어떤 사람들은 유태인 아이들을 숨겨주기도 했단다.

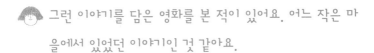

그런 이야기를 담은 영화를 본 적이 있어요. 어느 작은 마을에서 있었던 이야기인 것 같아요.

르샹봉쉬르리뇽과 그 주변 마을에서 있었던 일이야. 비폭력의 신념을 지킨 앙드레 트로크메 사제가 유태인 아이들을 구하기 위해 나섰지. 나치가 비시에 세운 프랑스 괴뢰정부는 유태인 아이들을 강제수용소로 보내려고 했어. 트로크메 사제와 그의 친구들은 가스실로 보내질 운명에 처한 3천 명에 달하는 유태인 아이들을 구해냈지. 프랑스와 유럽의 다른 곳에서도 그와 비슷한 일이 있었단다. 이렇게 전쟁 동안 유태인들을 구한 사람들에게 이스라엘 정부는 메달을 수여했지. 유태인들을 구한 사람들은 '세계의 의인The Righteous Among The Nations' 이라고 불렸단다. 그 메달에는 유태인의 가르침을 모은 책 《탈무드》에서 가져온 이런 문장이 새겨져 있어. "누구든 단 한 사람의 목숨을 구한 사람은 온 우주를 구한 것이다."

이러한 연대의 행동에 더해서, 목소리를 내기 위해 노력하는 용기 있는 사람들도 있단다.

 어떻게요?

 펜으로 하는 거지. 만약 화가라면 붓으로 할 수 있고. 예술은 갇혀 있는 것을 견디지 못해. 예술가들과 작가

들은 자유에 대한 열망을 표현하는 데 가장 앞장서는 사람들인 경우가 많아. 그들은 진실을 말하고 싶어하기 때문에 두려움과 거짓의 벽을 허물곤 해. 러시아의 작가 알렉산드르 솔제니친도 소련 시절에 그런 사람들 중 하나였지. 기자들이 자신의 나라에서 벌어지는 끔찍한 일들을 알려야겠다고 용기를 낼 때, 그들의 글과 사진은 강력한 영향력을 미칠 수 있단다. 알제리의 기자 타하르 자우트가 이런 말을 한 적이 있지. "말해도 죽고 침묵해도 죽는다면, 말하고 죽어라."

 정말 감동적인 말이에요.

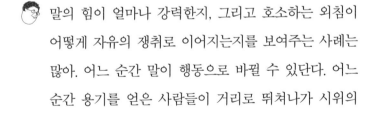 말의 힘이 얼마나 강력한지, 그리고 호소하는 외침이 어떻게 자유의 쟁취로 이어지는지를 보여주는 사례는 많아. 어느 순간 말이 행동으로 바뀔 수 있단다. 어느 순간 용기를 얻은 사람들이 거리로 뛰쳐나가 시위의 물결을 이룰 수 있는 거야.

그걸 어떻게 설명할 수 있을까? 그들은 어떤 식으로든 두려움을 이겨낸 거야. 다른 사람들과 함께하기 때문일 수도 있어. 함께 있으면 사람들은 그다지 두려워하지 않게 되거든. 정말로 경이로운 일이지. 혼자였다면 그들은 감히 행동에 나설 생각은 하지 못했을 거야. 너무나 위험할 수 있으니까. 온전히 혼자서 탱크 앞에 선 모습을 상상해보렴. 목숨을 잃을 각오를 하지 않으면 하기 힘든 일이지. 그처럼 사람들을 행동에 나서도록 만드는 뭔가가 있는 거야. 나치 독일의 예를 들어볼게. 1943년 2월 한 무리의 독일인 여성들이 자신들의 유태인 남편이나 아들이 갇혀 있는 베를린 거리의 한 건물 앞에서 시위를 했단다. 당연히 그들은 자신들도 잡혀갈까봐 두려웠지만, 그래도 거기서 물러나면 그들의 남편과 아들을 영원히 볼 수 없을지도 모른다는 것을 알고 있었어. 더 이상 잃을 것도 없었으니, 그들은 남편과 아이들이 풀려날 때까지 외치고 또 외쳤지.

그래서 성공했나요?

 그럼 그것도 10일 만에. 정말 놀라운 이야기 아니니?
심지어 나치 같은 집단조차도 때로는 사람들의 시위에
신경을 쓸 수밖에 없다는 사실을 보여주니까.

　　세월이 흐른 뒤에 아르헨티나에서도 그와 비슷한
일이 벌어졌지. 1977년 비델라라는 이름의 장군이 권
력을 잡았어. 그는 무자비한 독재 권력을 휘두르면서
자신을 반대하는 사람들을 다루는 새로운 방법을 생각
해냈어. 반대하는 사람들을 교도소에 가두는 대신 '사
라지게' 한 거야.

 사라지게 했다고요? 어떻게요?

 경찰관과 사복형사들이 정부에 반대하거나 반대하는
것으로 의심되는 사람들을 납치한 거야. 납치된 사람

의 가족들은 영원히 그들을 볼 수 없었지. 모두들 엄청난 공포에 떨었고, 그래서 그 누구도 감히 정치적 행동에 나설 생각을 하지 못했어. 이제 독재자 비델라는 걱정할 게 없었지. 하지만 그가 전혀 상상하지 못했던 일이 일어났어. 일부 여성들이 가족이 사라진 것에 대해 체념하기를 거부하고 자기들의 자식들이 살아 있는지 알려달라고 집요하게 요구하기 시작한 거야. 하지만 정부 관계자들은 이렇게 대답했지. "몰라요. 내일 다시 와요." 그다음 날도 그들은 똑같은 말만 했어. 얼마 지나지 않아 그 여성들 중 일부가 자신들이 모두 똑같은 문제를 겪고 있다는 사실을 깨달았어. 그들은 각자 따로 싸우는 대신 함께 싸우기로 했지. 그들은 부에노스아이레스의 중심 광장인 '5월 광장'에 모여 자기 자식들이 어디에 있는지 알고 싶다고 세상 사람들에게 외치기로 생각을 모았단다. 잘못하면 그들마저 잡혀갈 수 있으니 정말로 미친 짓이었지.

하지만 자식을 향한 그들의 사랑은 두려움보다 컸어. 사람들은 그들을 '5월 광장의 미친 여자들'이라고 불렀단다. 매주 이 '미친 여자들'은 같은 곳에 또다시 모였어. 경찰관들이 나타나 이렇게 말했지. "여러분, 이

EXIGIMOS LA APARICION CON VIDA DE LOS DETENIDO-DESAPARECIDO
사라진 억류자들의 살아 있는 모습을 보여달라!

건 불법 집회예요. 가세요. 안 그러면 체포합니다." 그
러자 그들이 대답했어. "알았어요. 갈게요." 그러고는
그들은 두 명씩 일렬로 광장을 돌고 또 돌기 시작했어.
나중에 그들 중 몇 명은 잡혀가서 고문을 당하기도 했
지. 하지만 그들은 시위를 멈추지 않았고, 오늘날 그들
의 행동은 비폭력 인권 투쟁의 역사에서 가장 강렬한
상징 중 하나로 남아 있단다.

 그렇게 사람들이 투쟁하고 있을 때, 우리는 그들을 도울
수 있을까요? 아르헨티나는 너무 멀어요!

 그럼, 물론이야. 도울 수 있어. 집에 있으면서도 도울 수
있단다. 어떻게? 내가 살고 있는 나라에 그들의 투쟁을
널리 알리고, 돈이나 그들이 필요로 할 만한 것들을 보
내주는 거야. 저항하는 사람들은 소수자들일 때가 많
아. 그들이 힘을 얻으려면, 그들의 행동을 다른 나라에
알려줄 사람과 조직이 필요해. 아르헨티나의 그 여성
들은 금방 그것을 이해했지. 싸움을 시작했을 때, 그들

은 너무나 외로웠고 자신들도 자기 자식들처럼 어디론
가 사라질지 모른다는 공포에 떨었지. 그들은 자신들
의 존재를 반드시 해외에 알려야겠다고 생각했어. 그
래서 그들은 유럽과 미국의 친구들에게 메시지를 보내
고 기자들을 몰래 만나기도 했단다. 통신과 언론의 힘
을 보여주는 또 다른 사례라고 할 수 있지. 지금 같으
면 인터넷을 사용했겠지. 점차 다른 나라의 사람들이
그들을 돕기 위해 나서기 시작했단다.

중국의 지배에 저항하는 티베트인들의 정신적 지
주인 달라이 라마는 과거 아르헨티나 여성들이 했던
것과 비슷한 일을 지금 하고 있어. 달라이 라마는 간디
를 매우 존경한다고 해. 그는 해외를 다니며 전 세계에
서 가능한 한 많은 친구들을 만들려고 한단다. 전 세계
친구들의 지지를 발판 삼아서 티베트의 실질적인 독립
을 약속하도록 중국을 설득할 수 있길 바라면서.

사상 때문에 교도소에 갇힌 사람들을 돕는 또 다
른 방법으로는 편지쓰기가 있어. 교도소에 갇힌 사람
이(그리고 교도소장이) 다른 나라에 사는 사람으로부터
편지를 받는 건 매우 중요하단다. 아주 멀리에 있는 누
군가도 교도소에 갇힌 그 사람의 이름과 존재를 알고

있음을 의미하니까. 그렇게 되면 그 사람이 고문을 받거나 사라질 위험이 적어질 수 있거든. 양심수들을 위해 편지쓰기 캠페인을 벌이고 있는 국제 인권 단체 국제사면위원회Amnesty International는 이렇게 말하고 있단다. "이 단순한 펜이 바로 여러분의 강력하고 효과적인 무기입니다."

아니면 갈등이 벌어지는 현장에 가서 도울 수도 있어. 물론 그건 정말로 큰 도움이 되겠지만, 때론 위험이 따르는 헌신이기도 하지. 실종을 막기 위해 국제 평화 단체는 납치될 가능성이 있는 사람들 곁에 감시자를 두는 일을 하고 있어. 외국인 감시자가 보는 앞에서 누군가를 붙잡아가기는 쉽지 않을 테니까. 하지만 외국인 감시자가 갈등에 직접 개입하는 것은 허락되지 않아. 예를 들어, 누군가가 외국인 감시자에게 시위에 참여할 것을 요청한다면, 그는 참여하는 대신 아주 잘 보이는 곳에서 카메라를 들고 따라가는 거야.

요즘은 NGO라고 부르기도 하는 많은 비정부기구들이 갈등 해결을 위한 개입이나 중재에 나서고 있어. 이런 활동을 가리켜 '민간 개입'이라고 부른단다. 젊은이들이 이런 단체들에 관심을 보이기도 하는데, 돕고 싶어하거나 때론 모험적인 일을 찾기 때문이기도 해. 그들이 진정으로 민간 평화 활동의 임무를 수행하기 위해서는 철저한 훈련과 준비가 필요하단다. 이런 NGO 단체들은 정부, 군인, 외교관들과 함께 협력하며 긍정적인 역할을 수행할 수 있지. 미래 지향적인 방법으로 말이야.

 하지만 때로는 폭력이 필요한 경우도 있지 않을까요?

비폭력이 요술 지팡이는 아니라고 말했었지? 간디는 그 사실을 매우 직설적으로 말했단다. "비겁함과 폭력 중에 선택해야 한다면, 폭력을 택하는 것이 낫다." 폭력은 마지막 수단이야. 예를 들어, 학살당하는 무방비의 사람들을 돕기 위해서는 폭력이 정당화될 수도 있어. 너무나 끔찍하고 조직적으로 이루어지는 그런 범죄들을 우리는 '반인류적 범죄' 또는 '인종 청소'라고 불러. 우리는 그들을 보호해야 해. 하지만 무기를 사용하는 것이 늘 해결책이 되는 것은 아니란다. 어떻게 개입해야

할까? 어떤 수단을 사용할 수 있을까? 달성해야 할 목표는 정확히 어떤 것이어야 할까? 그러다가 피해자들의 상황이 더 나빠지는 것은 아닐까?

물론 그런 비극은 어느 날 갑자기 일어나지 않아. 언제나 그 이전부터 징조가 나타나곤 해. 마치 폭풍우가 오기 전에 천둥이 치는 것처럼 말이야. 하지만 우리는 귀를 막거나, 아니면 폭풍우를 피할 수 있다고 생각하고 싶어해. 그게 바로 1930년대 히틀러 시절에 유럽이 보였던 모습이란다. 그들은 나치에 반대하거나 점점 심해지는 유태인 학대에 저항하려는 독일인들을 돕지 않았어. 1938년 프랑스와 영국은 뮌헨조약을 체결하여 독일이 체코슬로바키아의 일부를 병합하도록 해주면 히틀러와 평화롭게 지낼 수 있으리라 생각했거든. 하지만 그것은 착각이었어. 1년 후, 유럽에서 전쟁이 일어났으니까.

1990년대 초에도 비슷한 일이 있었단다. 세르비아계의 슬로보단 밀로셰비치Slobodan Milošević 대통령이 코소보 알바니아계 사람들의 권리를 모두 빼앗아버린 거야. 알바니아계 사람들은 그들의 정치적 지도자 이브라힘 루고바와 함께 용감하게 저항했어. 하지만 그들이 이기려면, 그들의 주장과 활동을 알릴 수 있는 외부의 도움과 지원이 필요했지. 그래서 이브라힘 루고바는 세상을 향해 절실하게 외쳤어. "여러분! 여기 코소보에서 정말로 끔찍한 일이 벌어지고 있습니다. 도움이 필요합니다." 하지만 몇몇 지식인들 말고는 아무도 그의 말에 귀를 기울이지 않았어. 밀로셰비치는 계속해서 끔찍한 범죄를 저질렀고, 우리는 코소보 알바니아계 사람들의 평화로운 투쟁을 도울 수 있는 수많은 기회들을 놓쳐버렸지. 도움을 받지 못한 알바니아계 사람들을 밀로셰비치는 더욱 더 심하게 괴롭혔어. 무관심 속에 세월이 흐르고 나서 마침내 우리는 밀로셰비치가 정말로 독재자였다는 사실과 유일한 '해결책'은 그와 전쟁을 벌이는 것밖에 없다는 사실을 인정하게 되었단다.

희망적인 이야기로 너와의 대화를 마무리하고 싶구나. 1998년 전 세계 국가들이 유엔에 모여 2000~2010년을 '전 세계의 아이들을 위한 평화와 비폭력 문화 촉진의 10년'으로 정했단다.

노벨평화상 수상자들의 모임은 이에 동참하는 선언문을 만들어 유네스코UNESCO(유엔교육과학문화기구)를 통해 발표했단다. 선언문에서 그들은 우리 모두에게 다음의 약속을 권고하고 있어.

- 적극적으로 비폭력을 실천하며, 신체적·성적·심리적·경제적·사회적 폭력을 비롯한 일체의 폭력을 거부한다.

- 배제와 불평등, 정치적·경제적 억압을 종식시키기 위해 우리의 시간과 자원을 아낌없이 나눈다.
- 표현의 자유와 문화적 다양성을 지키며, 항상 귀를 기울이고 대화하기 위해 노력한다.

유엔이 마침내 비폭력을 주제로 멋진 프로그램을 만들어낸 거지. 그건 시대의 상징이야. 이제는 너와 나, 그리고 우리 모두가 각자의 역할을 해야 할 차례란다!

참고자료

만화

- Claude et Denise Millet, Benoit Mrchon, *Martin Luther King*, Paris, Bayard ed. / Centurion/Astrapi, 1998

- Leo B. Marchon, *Gandhi. Le pelerin de la pain*, Bayard ed. / Centurion/Astrapi, 1989

단행본

- Bernadette Bayada, Anne-Catherine Bisot, Guy Boubault, Georges Gagniere, *Le Conflit. Mettre hors jeu la violence*, Lyon, ed. Chronique sociale , 1999

- Aidan Chambers, *Racket*, Paris, Ecole des loisirs, 1996

- Elizabeth Crary, *Negocier ca s'apprend tot. Pratiques de resolution de problemes avec les enfants de 3 a 12 ans*, Namur, universite de la Paix, 1997

- Babette Diaz, Brigitte Liatard, *La Mediation avec les eleves. Contre violence et mal-etre*, Paris, Nathan, 1999

- Christian Mellon, Jacques Semelin, *La Non-violence*, Paris, PUF, coll. 'Que sais-je?', 1994

- Jean-Marie Muller, *Gandhi*, Paris, Desclee de Brouwer, 1995

- Vincent Roussel, *Martin Luther King contre toutes les exclusions*, Paris, Desclee de Brouwer, 1994

- Charles Rozjman, *Savoir vivre ensemble*, Paris, Syros, 1998

- Francois Vaillant, *La Non-violence dans l'Evangile*, Paris, Ed. ouvrieres/Ed. de l'Atlier, 1991

정기 간행물 특별호

- 'La non-violence des l'ecole', *Alternatives non violentes*, n.104, automne, 1997, 74p. – ANV, BP27, 13122 Ventabren

- 'La mediation', *Non violence actualite*, Montargis, 1998 – NVA, BP241, 45200 Montargis

아빠, 비폭력이 뭐예요?

내 아이에게 들려주는 비폭력 이야기

자크 세믈렝 지음 | 이주영 옮김 | 민들레 그림

2018년 5월 25일 초판 1쇄 발행
2019년 12월 20일 초판 2쇄 발행

펴낸이 이제용 | 펴낸곳 갈마바람 | 등록 2015년 9월 10일 제2019-000004호
주소 (06775) 서울시 서초구 논현로 83, A동 1304호(양재동, 삼호물산빌딩)
전화 (02) 517-0812 | 팩스 (02) 578-0921
전자우편 galmabaram@naver.com
블로그 blog.naver.com/galmabaram
페이스북 www.facebook.com/galmabaram

ISBN 979-11-956340-8-8 43300

이 도서의 국립중앙도서관 출판시도서목록(CIP)은 서지정보유통지원시스템 홈페이지
(http://seoji.nl.go.kr)와 국가자료공동목록시스템(http://www.nl.go.kr/kolisnet)에서
이용하실 수 있습니다. (CIP제어번호: CIP2018014422)